싸움의 기술

중국 역사에서 배우는 처세술!

동양철학에서 배우는 인문학

비즈니스와 인생에서 승리하기 위한 전략!

싸움의 기술

노학자 지음 | 안준민 옮김

해피&북스

서문

오늘날의 문화는 모두에게 공정해야 한다는 가치를 장려하며, 집단에 적응하고 다른 사람들과 협조하며 살 것을 강조한다. 우리는 어릴 때부터 호전적이거나 공격적 성향을 드러내지 말도록 배워왔다. 남들에게 인기도 못 끌고 고립되는 등의 사회적 대가를 치른다는 것이다. 조화와 협동을 중시하는 이러한 가치는 처세술에 관한 책들을 통해, 사회적 성공을 거둔 인물들이 대중에게 보여주는 평화로운 외양을 통해 때로는 교묘하게 또 때로는 노골적으로 우리들 삶에 영향을 끼친다. 여기서 문제는 우리가 평화를 위해서는 이런저런 훈련도 받고 준비도 하는데 반해 실제 세상에서 대면하는 것, 즉 싸움에 대해서는 전혀 준비되어 있지 않다는 사실이다.

이 싸움은 우리 삶에 다양한 모습으로 존재한다. 명백한 적으로 우리의 반대편에 존재하는 라이벌을 들 수 있다. 세상은 점점 더 거칠어지고 경쟁적인 양상으로 치닫고 있다. 정치계, 산업계, 심지어 예술계에서도 우리의 적수는 우위를 점하기 위해 무슨 짓이든 서슴지 않는다.

더 심란한 것은 때로 우리 편인 줄 알았던 이들과 싸워야 한다는 사실이다. 겉으로는 팀을 위해 일하는 척하고 우호적이며 동조하는 척하면서, 뒤에서는 사보타주를 행하고 자신만의 이익을 위해 조직을 이용하는 자들이 있다.

수동적 공격이라는 게임을 교묘하게 수행하는 자들은 더욱 적발하기 힘든데, 돕는 것 같지만 전혀 도움이 되지 않을 뿐 아니라 죄책감을 불어 넣는 자들이다. 겉으로는 모든 것이 평화로워 보이지만, 한 꺼풀 밑에서는 세상 사람들 모두 이러한 행위와 의도로 가족과 친척들까지 오염시키고 있다. 우리의 문화는 이러한 현실을 부정하고 평화와 조화를 장려하지만, 우리는 전투에서 얻은 참혹한 흉터를 보면서 현실을 인식하고 체감하지 않을 수 없다.

이제 우리가 목표로 삼아야 하는 이상이 있다면, 그것은 전략적인 전사戰士가 되어야 한다는 것이다. 여기서 전사라 함은 능숙하고 지적인 책략을 통해 어려운 상황과 타인을 잘 다루는 사람을 가리킨다.

우리 인생의 성패는 우리가 사회에서 맞닥뜨리는 불가피한 충돌 상황을 얼마나 잘 다루는 지에 달려 있다. 일반적으로 사람들이 충돌 상황을 다루는 방식, 즉 충돌이라면 무조건 피하려 들거나 또는 감정적이 되어 경솔한 행동을 하거나 얕은 속임수를 쓰는 등의 방식은 결국 여지없이 역효과를 낸다. 의식적이고 합리적이지 못한 처신이 종종 상황을 악화시키기 때문이다.

전략적인 전사들은 이와는 사뭇 다르게 움직인다. 그들은 장기적인 목표를 향해 한발 앞서 생각하고, 어떤 싸움은 피해야 하고 어떤 싸움은 불가피한지를 결정하며, 감정을 조절하고 일정 방향으로 돌리는 방법을 알고 있다. 싸워야 할 상황에 내몰리면, 그들은 우회적이고 교묘한 책략으로 싸우지만, 상대는 그 책략을 결코 알아차리지 못한다.

싸움과 전략은 기본적으로 남자, 특히 공격적이거나 파워 엘리트에 속하는 자들에게만 의미가 있다고 논박하는 이들도 있을 것이다. 무릇 싸움과 전략에 대한 연구는 남성의 전유물로서, 엘리트주의적이고 압제를 추구하는 것이며 권력을 영구화하기 위한 방안이라고 말이다. 이러한 주장은 위험천만한 난센스다. 물론 과거에는 전략이란 것이 선택된 소수의 전유물이었다. 병사들에게는 전략을 가르치지 않았는데, 전쟁터에서 별 도움이 안 될 게 뻔했기 때문이다.

인생사 모든 싸움에서 이기려면 전략의 이점과 이성적인 전쟁의 효

능에 저항하거나 그런 것은 자신의 위신에 어울리지 않는다고 지레 짐작하는 대신, 전략의 필요성을 직시하는 편이 훨씬 낫다. 그 기술을 정복하면 당신은 더욱 평화롭고 생산적인 인생을 누리게 될 것이다. 게임의 규칙과 폭력 없이 이기는 법을 터득했기 때문이다. 그것을 무시한다면 당신의 인생은 끝없는 혼란과 패배로 얼룩질 따름이다.

이 책에는 많은 중국 역사의 고사들이 정선되어 있다. 살아숨쉬는 듯한 인물들의 종횡무진하는 기세, 유세술, 변화무쌍한 모략, 사기술이 넘쳐난다. 이 책을 읽으면서 무한한 재미를 느끼게 될 것이다.

차례

1부

모략의 기술

맹상군에게 세 개의 굴을 만들어준 풍환

전국시대 제나라의 맹상군은 손님을 좋아하고 인재를 중히 여겼다. 그의 문하에는 식객이 3천 명이나 되었다. 식객 중에 풍환이라는 자가 있었는데, 그는 일찍이 맹상군이 빈객을 좋아한다는 말을 듣고 짚신을 신고 찾아왔다. 맹상군이 물었다.

"먼 길을 오느라 고생하셨소. 선생은 나에게 무엇을 가르쳐 주시겠소."

풍환이 대답했다.

"공이 선비를 좋아한다기에 가난한 이 몸을 맡기고자 왔습니다."

맹상군은 풍환을 신분이 낮은 손님들을 위해 마련한 숙소에 머물게 한 지 열흘 뒤에 숙소 책임자에게 물었다.

"저 손님은 무엇을 하고 있는가?"

"저 손님은 매우 가난한데 칼 한 자루를 가지고 있습니다. 그 칼도 자루를 방울고랭이풀로 꼰 노끈을 감은 보잘것없는 것입니다. 그 칼을 손으로 두드리면서 '긴 칼아, 돌아가자. 식사에 생선 반찬이 없구나'하고 노래를 부르고 있습니다."

맹상군은 그를 중간 계층의 손님이 드는 숙소로 옮겨 주었다. 그곳에서는 식사에 생선이 나왔다. 닷새가 지나서 또 숙소 책임자에게 물으니 이렇게 대답했다.

"저 손님은 또 칼을 두드리며 '긴 칼아, 돌아가자. 나가려 해도 수레가 없구나'하고 노래를 불렀습니다."

맹상군이 그를 상등의 빈객이 드는 숙소로 옮겨 주었다. 그곳에서는 드나들 때 수레를 탈 수 있었다. 닷새가 지난 뒤 맹상군이 다시 숙소 책임자에게 물으니 이렇게 대답했다.

"선생은 여전히 칼을 두드리면서 '긴 칼아, 돌아가자. 집이 없구나'하고 노래를 불렀습니다."

맹상군은 이 말을 듣고 언짢았다. 일 년이 지나도록 풍환은 아무런 말도 하지 않았다.

맹상군은 그 무렵 제나라 재상으로 1만 호의 설읍을 봉지로 받았으나 그 빈객이 3000명이나 되어 봉읍의 조세 수입만으로는 빈객들을 보살피기에 넉넉하지 못했다. 그래서 사람을 시켜 설 땅 사람들에게 돈놀이를 했다. 그런데 일 년이 지나도 수입이 없고, 돈을 빌려간 자 대부분이 그 이자조차 내지 못했다. 맹상군은 머지않아 빈객을 대접할 돈이 떨어질 형편이었다. 맹상군은 걱정 끝에 주위 사람들에게 물었다.

"누가 설 땅에 빌려 준 돈을 거둬들일 수 있겠소?"

숙소 책임자가 이렇게 말했다.

"저의 숙소에 머물고 있는 빈객 풍공은 용모도 훌륭하고 말도 잘합니다. 나이는 많지만 별다른 재능은 없으니 그를 보내 돈을 거둬들이도록 하면 좋을 듯싶습니다."

맹상군은 풍환을 불러 이 일을 부탁했다.

"빈객들은 내 어리석음을 모르고 다행히 몸을 맡긴 분이 3000명이나 됩니다. 봉읍의 조세 수입만으로는 도저히 빈객을 대접할 수 없어서 설 땅 사람들에게 이자를 얻으려고 돈을 빌려 주었습니다. 그런데 설 땅에서는 해마다 조세가 들어오지 않고 백성 대부분이 이자도 내지 않고 있습니다. 이제 빈객들에게 식사마저 접대하지 못하게 될까 걱정입니다. 선생께서 책임지고 돈을 받아 주십시오."

풍환이 대답했다.

"알겠습니다."

그는 떠난다는 인사를 하고 설 땅에 이르러 맹상군에게 돈을 빌린 자들을 모아 이자를 10만 전錢이나 거두었다. 이 돈으로 많은 술을 빚고 살찐 소를 사들여서 돈을 빌려 간 자들을 불렀다. 이자를 낼 수 있는 자도 모두 오게 하고 이자를 낼 수 없는 자도 다 오게 했다. 모두 돈을 빌린 차용증서를 가져오게 하여 이쪽 것과 맞추어 보고 함께 모일 날을 정했다.

약속한 날이 되자 소를 잡고 술자리를 열었다. 술자리가 한창 무르익자 가지고 온 차용증서를 전처럼 맞추어 보고 나서 이자를 낼 수 있는 자에게는 원금과 이자를 갚을 날을 정하고, 가난해서 이자를 낼 수 없는 자에게는 그 증서를 받아서 불살라 버리고 이렇게 말했다.

"맹상군이 여러분에게 돈을 빌려 준 까닭은 돈이 없는 가난한 백성도 본업에 힘쓰게 하기 위함이었습니다. 또 이자를 요구한 까닭은 빈객들을 대접할 돈이 없기 때문입니다. 지금 부유한 사람에게는 갚을 날을 정해 드리고, 가난한 사람에게는 차용증서를 불태워 버리도록 했습니다. 여러분은 마음껏 드십시오. 이런 군주가 있는데 어찌 그 뜻을 저버릴 수 있겠습니까?"

그 자리에 앉아 있던 사람은 모두 일어서서 두 번 절을 했다. 맹상군은 풍환이 차용증서를 불살라 버렸다는 말을 듣고 화가 치밀어 사자를 보내 풍환을 불러들였다. 풍환이 들어오자 맹상군은 이렇게 말했다.

"나는 빈객이 3000명이나 되기 때문에 설 땅 사람들에게 돈을 빌려 준 것이오. 나는 봉읍이 작아 세금 수입이 적은데 백성 대부분은 때가 되어도 그 이자를 내지 않고 있소. 그래서 빈객의 식사에 소홀할까 봐 선생에게 그것을 책임지고 거둬들이도록 부탁했소. 그런데 선생은 돈을 받아서 곧바로 많은 소와 술을 마련하고 차용증서를 불살라 버렸다고 들었소. 도대체 어찌 된 일이오?"

풍환이 대답했다.

"그렇게 했습니다. 술과 소를 많이 마련하지 않고는 돈 빌린 사람을 다 모이게 할 수 없었고, 돈이 있는 자와 없는 자를 알 수 없었습니다. 여유 있는 자에게는 갚을 날짜를 정하게 하였습니다. 그러나 가난한 자는 차용증서를 십 년 동안 가지고 있어도 이자만 더욱 쌓여갈 뿐이라 성급하게 독촉하여 돌려받지 못한다면 위로는 군주가 이익에 눈멀어 백성을 사랑하지 않는 꼴이 되고, 아래로는 백성이 빚을 갚지 않으려 군주를 떠난다는 말을 듣게 될 것입니다. 이렇게 하는 것은 백성을 격려하고 군주의 이름을 드러내는 일이 아닙니다. 쓸모없는 차용증서를 불살라 받을 수 없는 빚을 없애 설 땅의 백성이 군주를 가까이하고 군주의 이름을 칭송하게 하려고 한 일입니다. 공께서는 의심나는 부분이 있습니까?"

맹상군은 손뼉을 치면서 칭찬하고 고마워했다.

그로부터 1년 후, 제나라의 민왕은 진秦나라와 초나라의 비방에 현혹되어, 맹상군의 명성이 군주보다도 높아서 제나라의 조정을 마음대로 휘두른다고 여기고, 맹상군을 벼슬에서 물러나게 했다. 맹상군이 벼슬에서 물러나자 그를 따르던 빈객들도 모두 떠났으나, 설 땅의 백성들은 백 리 길도 마다하지 않고 나와서 맹상군을 위로해 주었다. 이것이 풍환이 맹상군을 위해 만든 첫 번째 굴이다.

그 다음 풍환은 맹상군에게서 수레와 돈을 얻어 서쪽으로 가서 진나라 왕을 이렇게 설득했다.

"제나라를 천하에서 비중 있는 나라로 만든 이는 맹상군입니다. 그런데 지금 제나라 왕은 다른 사람이 헐뜯는 말을 듣고 그를 내쳤습니다. 맹상군은 마음속으로 원망하여 반드시 제나라를 배반할 것입니다. 그가 제나라를 등지고 진나라로 들어오기만 한다면, 제나라의 속사정을 진나라에 다 털어놓을 것이니, 제나라 땅을 얻을 수 있습니다. 그러면 어찌 수컷雄이 되는 정도이겠습니까? 대왕께서는 서둘러 사자를 시켜 예물을 실어 보내 아무도 모르게 맹상군을 맞아들이십시오. 때를 놓치지 마십시오. 만일 제나라에서 잘못을 깨닫고 다시 맹상군을 기용하면, 자웅雌雄은 진나라와 제나라 중 어느 쪽이 될지 예측할 수 없을 것입니다."

진나라 왕은 매우 기뻐하면서 수레 10대에 황금 2000냥을 보내서 맹상군을 맞이하게 했다.

한편 풍환은 진나라 왕과 헤어져 사자보다 한 발 앞서서 제나라에 도착하여 제나라 왕에게 다음과 말했다.

"제가 가만히 들어보니, 진나라에서는 사자를 보내 수레 10대에 황금 2000냥을 싣고 가서 맹상군을 맞이하려 한다고 합니다. 맹상군이 서쪽으로 안 간다면 그만이지만, 서쪽 진나라로 들어가 재상이 되면, 세상 사람들의 마음이 그에게 쏠려 진나라는 수컷이 될 것이고, 제나라는 암컷이 될 것입니다. 대왕께서는 어째서 진나라 사자가 오기 전에 먼저 맹상군을 재상으로 복직시키고 봉읍을 넓혀 주어 사과하지 않으십니까? 그렇게 하면 맹상군은 반드시 기뻐하며 받아들일 것입니다. 진나라가 제아무리 강한 나라일지라도 어찌 남의 나라의 재상을 맞아 가겠다고 청하겠습니까? 이것이 진나라의 음모를 꺾어 그들이 강력한 힘을 지닌 우두머리가 되려는 책략을 끊어버리는 길이옵니다."

제나라 왕은 맹상군을 불러 다시 재상의 자리에 앉히고, 옛 봉읍의 땅 외에 또 1000호를 늘려 주었다. 진나라 사자는 맹상군이 다시 제나라 재상이 되었다는 소식을 듣고 수레를 돌려서 돌아갔다. 이것이 풍환이 맹상군을 위해 취한 두 번째 굴이다.

그 다음, 풍환은 맹상군에게 설 땅에 선대의 종묘를 세우도록 했다. 이렇게 하면 민왕이 맹상군을 함부로 대하지 못할 것이고, 그의 지위는 더욱 공고해질 것이기 때문이었다. 이것이 세 번째 굴이다.

이것은 유명한 '교토삼굴狡兎三窟'이라고 하는 고사이다. 즉 교활한 토끼의 세 개의 굴이라는 말로, 토끼가 굴을 세 개나 가지고 있었기 때문에 죽음을 면할 수 있었다는 것이다.

인재를 중히 여기는 맹상군의 책략은 확실히 그에게 많은 이익을 안겨 주었다. 적어도 풍환은 그에게 목숨을 보호할 수 있는 세 개의 굴을 마련해 주어서 몇 십 년간 무사히 일할 수 있게 했다. 풍환이 세운 대책도 유비무환이었고 맹상군이 세운 대책도 역시 유비무환이었다.

맹상군이 식객을 3000명이나 두었던 것은 그들을 이용하려는 목적이 있었다. 그래서 보잘 것 없는 뜨내기들도 어려움에서 벗어날 수 있도록 도와주었으니 풍환처럼 선견지명이 있는 선비는 더 말할 것도 없다. 이러한 맹상군은 위魏나라의 신릉군과 조나라의 평원군, 초나라의 춘신군과 함께 이른바 '전국시대 4공자' 가운데 으뜸으로 꼽혔다.

앞날을 깊이 생각하지 않으면 반드시 가까운 근심이 있게 된다는 말은 틀린 데가 없다. 오늘 이후 세상사의 변화를 누가 분명하게 예측할 수 있단 말인가? 오늘은 부귀영화를 누리고 입신출세했다고 하지만 뒷날에는 곤궁에 빠져서 허덕일 수도 있다.

사람은 언제나 뒷길을 남겨 두어야 한다. 세 개의 굴을 팔 수 없다면 하나라도 마련해 두어야 할 것이다.

충신인 진진의 말을 듣지 않다가 사기를 당한 초나라 회왕

진秦나라가 제나라를 치려고 하자 제나라와 초나라는 합종을 맺었다. 이에 장의는 초나라로 가서 상황을 살펴보려고 했다. 초나라 회왕은 장의가 온다는 소식을 듣고 가장 좋은 숙소를 비워 놓았다. 장의가 도착하자 회왕은 몸소 장의를 숙소로 안내하고 이렇게 물었다.

"이곳은 외지고 누추한 나라입니다. 선생은 이 나라에 무엇을 가르쳐 주려고 왔습니까?"

장의는 회왕을 설득했다.

"왕께서 진정 신의 말을 옳다고 여겨 관문을 닫아걸고 제나라와 맺은 합종의 약속을 깬다면 신은 상商과 오於 일대의 땅 600리를 초나라에 바치고, 진나라 공주를 왕의 첩이 되게 하며, 진나라와 초나라는 서로 며느리를 맞아 오고 딸을 시집보내는 사이가 되어 영원히 사돈 나라가 되게 하겠습니다. 이는 북쪽으로는 제나라를 약화시키고 서쪽으로는 진나라를 이롭게 하는 계책으로 이보다 더 좋은 방법은 없습니다."

회왕은 매우 기뻐하며 이를 받아들였다. 신하들도 모두 축하 하였지만 진진은 이것을 불행한 일로 보고 걱정했다. 회왕은 화를 내며 말하였다.

"과인이 전쟁을 일으켜 군사를 동원하는 일 없이 땅 600리를 얻게 되어 신하들이 모두 축하하거늘 유독 그대만이 걱정하는 것은 무슨 까닭인가?"

진진은 다음과 같이 말하였다.

"신이 보기에는 상과 오 일대의 땅은 얻을 수 없고 제나라와 진나라는 힘을 합칠 것입니다. 그렇게 되면 반드시 재앙이 닥칠 것입니다."

이에 회왕이 물었다.

"무슨 근거로 그런 말을 하는가?"

진진이 대답했다.

"진나라가 초나라를 중시하고 어려워하는 까닭은 제나라와 사이가 좋기 때문입니다. 이제 관문을 잠그고 제나라와 맺었던 합종 약속을 깨면 초나라는 고립될 것입니다. 진나라가 어찌 고립된 나라를 자기편으로 끌어들이기 위해 600리나 되는 상과 오 일대의 땅을 주겠습니까? 장의는 진나라로 돌아가면 분명 왕과의 약속을 저버릴 것입니다. 이는 북쪽으로는 제나라와 친교를 끊게 하고, 서쪽으로는 진나라에서 걱정거리를 불러오는 일이므로 진나라와 제나라의 군대가 함께 쳐들어올 것이 분명합니다. 왕을 위한 가장 좋은 방법은 겉으로는 제나라와 교류를 끊는 척하면서 은밀히 손을 잡고 장의에게 사람을 딸려 보내는 것입니다. 실제로 우리에게 땅을 내주면 그때 제나라와 관계를 끊어도 늦지 않습니다. 만일 우리에게 땅을 주지 않으면 당초 제나라와 은밀하게 협력하였으므로 안전할 것입니다."

회왕이 말했다.

"진진은 더 이상 말하지 말고 과인이 땅을 얻는 것이나 보아라."

회왕은 장의에게 초나라 재상의 인수와 함께 많은 선물을 주었다. 그러고는 관문을 걸어 잠그고 제나라와의 약속을 깬 다음 장군 한 명을 장의에게 딸려 보냈다.

장의는 진나라에 도착하자 일부러 수레에 오를 때 잡는 줄을 놓쳐 수레에서 떨어져, 이것을 빌미로 석 달 동안이나 조정에 나가지 않았다. 회왕은 그 소식을 듣고 말했다.

"장의는 과인이 제나라와 완전히 교류를 끊지 않았다고 생각하고 있는 것인가?"

회왕은 날랜 군사를 송나라로 보내 송나라 통행증을 빌려서 북쪽으로 가서 제나라 왕을 꾸짖게 하였다. 제나라 왕은 몹시 화를 내면서 초나라와 약속할 때 나눠 가진 부절을 꺾어 버리고 진나라에 화친을 청했다. 이렇게 하여 진나라는 제나라와 국교를 맺었다. 그러자 장의는 조정에 나아가 초나라 사신에게 이렇게 말했다.

"신은 봉읍 6리를 왕의 측근께 바치고 싶습니다."

초나라 사신이 말했다.

"신은 우리 왕에게서 상과 오 일대의 땅 600리를 받아 오라는 명령을 받았습니다. 6리라는 말은 들은 적이 없습니다."

사신이 돌아가 회왕에게 보고하니, 회왕은 몹시 화를 내면서 군사를 일으켜 진나라를 치려고 하였다. 진진이 말했다.

"신이 말씀을 드려도 되겠습니까? 진나라를 치기보다는 땅을 갈라 진나라에 주는 편이 낫습니다. 진나라에 뇌물을 주고 힘을 합쳐 제나라를 친다면 우리는 땅을 진나라에 내주고 제나라에서 보상받는 셈입니다. 그렇게 하면 왕의 나라를 보존할 수 있습니다."

그러나 회왕은 진진의 말을 듣지 않고 결국 군사를 일으켜 장군 굴개에게 진나라를 치도록 하였다. 진나라는 제나라와 함께 초나라를 공격하여 8만 명의 목을 베고 굴개를 죽였으며, 마침내 단양과 한중까지 빼앗아 갔다.

초나라는 다시 더 많은 군사를 내어 진나라를 습격하였으나 남전에서 크게 지고 말았다. 이에 초나라는 두 성을 떼어주고 진나라와 화친을 맺었다.

장의는 그야말로 사람들을 경탄케 한다. 탐욕스럽고 미련하며 고집이 센 초나라 회왕은 진진의 말을 듣지 않다가 끝내 웃음거리가 되고 말았다. 한 국가의 왕이라는 사람이 생각이 깊지 못하고 가벼워서 한심한 계책에 빠진 것이다.

장의는 사리에 눈이 어두웠던 회왕으로 하여금 과오를 범하게 했다. 장의와 회왕 모두가 이익만 중시하고 의리를 가볍게 여기는 소인배였다. 한 사람은 이익을 얻고 다른 한 사람은 손해를 입었다. "군자는 재물과 부를 획득함에 있어 이치에 맞게 해야 한다"고 했다. 이익을 추구하는 것은 수치스런 일이 아니다. 반대로 이익추구는 사회의 부를 증폭시킨다. 다만 그것을 추구하는 과정에서 눈앞의 이익만을 보고 멀리 있는 이익을 버려서는 안 된다는 것이다. 장의가 생떼를 써서 성공하기는 했지만 그 가운데서 그는 신용이라는 매우 중요한 것을 잃고 말았다. 그것은 몇 개의 성과와도 바꿀 수 없는 것이다.

범저의 말을 듣고 패권을 잡은 진나라 왕

전국시대 중원의 여러 나라는 패권을 잡으려고 해마다 전쟁을 계속했다. 당시 강대국이었던 진秦나라는 싸움에서 항상 승리했다. 진나라의 상국으로 임명된 범저가 원교근공의 계책을 내놓은 뒤에야 진나라는 중국을 통일할 수 있었다.

범저는 위魏나라 사람으로 변론에 뛰어난데다 큰 뜻을 품고 있었다. 처음에는 위나라 중대부 수고를 섬겼다. 그러나 워낙 재능이 뛰어난 탓에 그를 시기하는 사람들이 많았는데 그들의 흉계에 걸려 죽을 고비를 넘기고 위나라 사람 정안평의 도움으로 달아나 숨어 살았다.

후에 왕계와 함께 진나라로 간 범저는 왕계의 도움으로 진나라 소왕을 만날 수 있었다. 당시 진나라의 실권은 소왕이 아닌 재상 양후가 잡고 있었는데, 그는 소왕의 어머니인 선태후의 동생으로 정치를 독단하면서 개인 재산은 왕실을 능가할 정도였다.

이 무렵 양후는 진나라 장군이 되어 앞으로 한나라와 위나라를 넘어 제나라 강수를 쳐서 도읍을 넓히려고 했다. 따라서 범저가 글을 올렸는데 소왕이 이 글을 읽고 매우 기뻐하여 수레를 보내 범저를 불러오게 하였다. 이리하여 이궁에서 소왕을 만나게 되었는데 그때 그는 길을 모르는 척하고 후궁들이 드나드는 영항으로 들어갔다. 때마침 소왕이 오자 환관은 화를 내고 범저를 내쫓으며 소리쳤다.

"왕께서 납신다."

범저는 짐짓 환관에게 이렇게 말했다.

"진나라에 무슨 왕이 있단 말이오? 진나라에는 태후와 양후가 있을 뿐이오."

범저는 일부러 소왕을 노엽게 만들 생각이었다. 소왕이 다가와 범저가 환관과 말다툼하는 것을 듣고 범저를 궁중으로 맞아들여 사과했다.

"과인이 일찍이 선생을 만나 가르침을 받아야 했지만 때마침 의거의 일이 화급하여 아침저녁으로 태후의 지시를 받아야 했소. 지금은 의거의 일이 마무리됐으니 선생의 가르침을 받을 수 있소. 과인은 자신의 어리석음을 탓하고 있소. 이제 삼가 주인과 손님의 관계로 예우하며 가르침을 받겠소."

이에 범저는 사양했다. 이날 범저가 소왕을 만나는 광경을 본 신하는 모두 숙연하게 낯빛을 바꾸고 자세를 바로 하지 않는 자가 없었다.

소왕은 좌우의 신하들을 물리쳐 궁중에 아무도 없게 하였다. 소왕이 무릎을 꿇고 청했다.

"선생께서는 과인에게 무엇을 가르쳐 주겠소?"

범저는 다만 이렇게 대답했다.

"글쎄요, 글쎄요."

이렇게 하기를 세 차례 되풀이하자, 소왕은 무릎을 꿇은 채 말했다.

"선생께서는 끝내 과인에게 가르침을 주지 않으려는 것이오?"

범저가 대답했다.

"제가 감히 그럴 리 있겠습니까? 신은 지금 다른 나라에서 온 나그네로 왕과 사이가 가깝지 않습니다. 그러나 왕께 말씀드리고자 하는 것은 모두 군주의 잘못을 바로잡으려고 하는 것뿐이며, 또한 왕의 가까운 혈육에 관한 이야기이기도 합니다. 어리석은 신이 충성을 다하고 싶지만 아직 왕의 마음을 잘 모르겠습니다. 이것이 왕께서 세 차례나 물으셔도 신이 선뜻 대답하지 못한 까닭입니다."

소왕은 무릎을 꿇은 채 말했다.

"선생은 무슨 말을 그렇게 하십니까? 생각해 보면 진나라는 멀리 구석진 곳에 있으며, 과인은 어리석고 어질지 못합니다. 그런데 다행히 선생께서 오셨습니다. 이는 하늘이 과인에게 선생의 힘을 입어 선왕의 종묘를 보존하도록 한 것입니다. 과인이 선생의 가르침을 받을 수 있는 것은 하늘이 선왕을 아껴 그의 고아인 과인을 버리지 않아서입니다. 그런데 선생은 어째서 그런 말을 하십니까? 오늘부터 일이 크든 작든 가리지 말고 위로는 태후에서 아래로는 대신에 관한 일까지 빠짐없이 가르쳐 주시고, 과인을 의심하지 말아 주십시오."

범저가 절하자 소왕도 절을 했다. 범저는 이렇게 말했다.

"왕의 나라는 사방이 요새로서 튼튼합니다. 북쪽에는 감천산과 곡구가 있고, 남쪽에는 경수와 위수가 있으며, 서쪽에는 농과 촉이 있고, 동쪽에는 함곡관과 상판이 있습니다. 용감한 군사가 100만 명이고 전차는 1000대나 있어 이로우면 나가서 싸우고 불리하면 물러나 지키면 됩니다. 이곳은 왕의 대업을 이루기에 좋은 땅입니다. 백성은 사사로운 싸움에는 겁을 내나 나라를 위한 싸움에는 용감합니다. 이들은 왕업을 이루기에 훌륭한 백성입니다. 왕께서는 이 두 가지를 모두 가지고 있습니다. 용감한 진나라 병사와 많은 전차를 이용하면 제후들을 평정할 수 있습니다. 이것은 마치 한로 같은 명견을 몰아 절름발이 토끼를 잡는 것처럼 쉬운 일입니다. 이렇게 하면 천하의 우두머리가 되는 사업을 이룰 수 있습니다. 그런데 왕의 신하들은 자신들이 맡은 일을 하지 못하고, 지금까지 십오 년 동안이나 함곡관을 닫아 두고 감히 군대를 내보내 산동을 엿보지 못하고 있습니다. 이것은 양후가 진나라를 위하여 충실하게 계획하지 못하고, 왕의 계책에 잘못된 점이 있기 때문입니다."

소왕은 무릎을 꿇고 말했다.

"과인이 잘못된 계책을 듣고 싶소."

그러나 좌우에 몰래 숨어 듣는 자가 많은 눈치여서 범저는 말이 새어 나갈까 봐 나라 안의 문제는 말하지 않고 나라 밖의 문제를 말하여 소왕의 태도를 살피려고 했다. 범저는 다가 앉아 말했다.

"한나라와 위나라를 넘어서 제나라의 강수를 치려 하는 양후의 계책은 좋지 않습니다. 적은 군대를 출동시키면 제나라를 깨뜨릴 수 없고 많은 군대를 내보내면 진나라에 해롭습니다. 왕께서는 진나라에서 병력을 적게 보내고 모자라는 병력을 한나라와 위나라 군사를 동원하여 채우려 하시는데 신이 생각할 때 그것은 옳지 못합니다. 지금 동맹국인 제나라와 사이가 좋지 않다고 해서 남의 나라를 넘어서까지 치는 것이 옳은 일입니까? 아무래도 이러한 계책에는 부족한 점이 있습니다.

옛날 제나라 민왕은 남쪽의 초나라를 쳐서 군사를 깨뜨리고 장군을 죽이고 사방 1000리나 되는 땅을 차지하려고 했습니다. 그러나 제나라는 결국 땅을 한 자 한 치도 얻지 못했습니다. 그것이 땅을 얻기 싫어서였겠습니까? 땅을 차지할 수 없는 형세였기 때문입니다. 각국 제후들은 제나라가 지쳐 있고 군주와 신하 사이가 원만하지 않은 것을 보자 병사를 일으켜 제나라를 쳐서 크게 깨뜨렸습니다. 제나라 군대는 치욕을 당하고 군사는 꺾이고 말았습니다. 제나라에서는 모두 왕에게 그 책임을 물어 '누가 이런 계책을 세웠습니까?'라고 했고, 왕은 '맹상군이다'라고 대답했습니다. 그러자 대신들이 반란을 일으켜 맹상군은 달아나고 말았습니다. 제나라가 싸움에서 진 까닭은 초나라를 쳐서 한나라와 위나라를 살찌운 데 있습니다. 이것은 바로 도적에게 무기를 빌려 주고 식량을 주는 꼴입니다. 왕께서는 멀리 떨어져 있는 나라와 우호 관계를 맺고 이웃 나라를 치는 것이 제일 좋습니다. 그렇게 하면 한 치의 땅을 얻어도 왕의 것이 되고 한 자의 땅을 얻더라도 왕의 것이 됩니다. 지금 이런 계책을 버리고 멀리 있는 나라를 친다는 것은 역시 잘못된 일이 아니겠습니까?

또 옛날 중산국은 영토가 사방 500리였는데, 중산과 가장 가까이 있는 조나라가 혼자서 차지했습니다. 조나라가 공을 이루고 이름을 드날리며 이익을 얻었지만 천하의 그 누구도 이것을 방해할 수 없었습니다. 지금 한나라와 위나라는 중원 지역에 위치하여 천하의 중심을 차지하고 있습니다. 왕께서 천하의 우두머리가 되기를 원한다면 반드시 중원 지역의 나라들과 가까워져서 천하의 중심이 되어 초나라와 조나라를 누르셔야 합니다. 초나라가 강하면 조나라를 내 편으로 끌어들이고, 조나라가 강하면 초나라를 내 편으로 만드십시오. 초나라와 위나라가 모두 내 편이 되면 제나라가 반드시 두려워할 것입니다. 제나라가 두려워하면 반드시 말을 겸손하게 하고 많은 예물로 진나라를 섬길 것입니다. 제나라가 우리 편이 되면 한나라와 위나라도 손에 넣을 수 있습니다."

소왕이 물었다.

"나는 오래전부터 위나라와 가깝게 지내려고 했소. 그러나 위나라는 아주 변덕스러운 나라여서 가까이할 수가 없었소. 위나라와 친하려면 어떻게 하면 되겠소?"

범저는 이렇게 대답했다.

"왕께서는 말을 겸손하게 하고 많은 예물로 위나라를 섬기십시오. 이렇게 해서 안 되면 뇌물로 땅을 떼어 주십시오. 그래도 안 되면 병사를 일으켜 치십시오."

소왕이 말했다.

"과인이 삼가 가르침을 따르겠소."

소왕은 범저를 객경에 임명하고 군사에 관한 일을 상의하였다.

드디어 범저의 계책에 따라 오대부 관에게 위나라를 치도록 하여 회를 빼앗고, 이 년 뒤에 형구를 함락시켰다.

객경 범저는 다시 소왕을 설득하여 말했다.

"진나라와 한나라의 지형은 수를 놓은 것처럼 얽혀 있습니다. 진나라에게 한나라가 있다는 것은 나무에 좀벌레가 있고 사람의 내장에 병이 있는 것과 같습니다. 천하에 아무런 일도 없으면 다행입니다만, 만약 일이 생기면 진나라의 걱정거리로는 한나라보다 더한 나라가 없습니다. 왕께서는 한나라를 우리 편으로 끌어들이는 것이 좋습니다."

소왕이 대답했다.

"나는 본래부터 한나라를 우리 편으로 만들려 했지만 한나라가 말을 듣지 않았소. 어떻게 하면 좋겠소?"

범저는 이렇게 대답했다.

"한나라가 어찌 말을 듣지 않겠습니까? 왕께서 병사를 내려 보내 형양을 치면 공읍과 성고로 가는 길이 막히고, 북쪽으로 태행산으로 가는 길을 끊어 버리면 상당의 군사는 내려오지 못할 것입니다. 왕께서 한 번 군사를 일으켜 형양을 치면 한나라는 세 쪽이 됩니다. 그러면 한나라는 결국 망하게 될 텐데 어찌 진나라의 말을 듣지 않을 수 있겠습니까? 만일 한나라가 말을 들으면 패업을 이루기 위한 계책을 세워 볼 만합니다."

소왕이 말했다.

"좋은 말이오."

이런 범저의 책략을 채택한 소왕은 그 결과 많은 토지를 얻어 진나라의 영토를 확대할 수 있었다. 이어 동주를 멸망시키고 조·초·위·한·연 등 여러 나라를 격파하여 뒷날 진시황이 중국을 통일할 수 있는 기반을 다졌다.

'토끼는 자기의 굴 주변에 있는 풀을 먹지 않는다'는 말이 있다. 그러나 이것이 언제나 최상의 방책이라고는 할 수 없다. 굴 주변의 풀을 먹지 않는 것은 뒷길을 열어두기 위한 의도일 것이다. 문제는 언제, 어디서 다른 토끼가 와서 남겨놓은 풀을 먹어버릴 수 있다는 것이다. 경우에 따라서는 굴까지 빼앗기고 말 것이다.

그렇게 되면 헛되이 먼 곳에 가서 풀을 먹은 결과가 되고 만다. 먼저 굴 주변에 있는 풀부터 먹고 나서 다음 일을 도모하는 것보다 못하다는 얘기다. 이것이 곧 범저의 생각이다.

범저의 책략은 매우 실용적인 것이다. 가까운 나라와 사귀면서 먼 나라를 공격하는 것은 스스로를 어렵게 만들고 다른 사람에게 이익을 주는 책략이다. 그러나 먼 나라와 사귀면서 가까운 나라를 공격하는 것은 다르다. 많은 힘을 들이지 않고도 실리를 얻을 수 있는 것이다.

복숭아 두 개로 세 명의 용사를 죽인 안영

춘추시대 제나라의 경공에게는 공손접, 전개강, 고야자라고 하는 세 명의 장수가 있었다. 이 세 사람은 저마다 무훈이 혁혁하고 비등한 강자였으므로 저마다 용맹과 공훈을 자랑하고 함부로 행동하는 등 횡포가 심했다.

재상으로 있는 안영은 이 세 사람을 그대로 방치해 두었다가는 오히려 제나라를 위태롭게 할 것이라고 생각했다. 그는 이 세 사람을 없애기 위해 계책을 꾸몄다.

어느 날, 이웃 노나라의 소공과 대신인 숙손약이 찾아왔다. 경공은 문무백관을 모아놓고 이들을 위한 환영 연회를 열었다. 물론이 세 사람도 완전무장하고 참석했다.

주연이 무르익자, 안영이 말했다.

"정원의 금복숭아가 잘 익었습니다. 그것을 몇 개 따다가 흥을 돋구도록 대왕께서 영을 내려 주십시오."

경공은 그렇게 하라고 하였다.

안영은 스스로 복숭아를 따 가지고 쟁반에 들고 들어왔다. 쟁반에는 복숭아 여섯 개가 놓여 있었다. 먼저 경공과 소공이 각각 한 개씩 먹고는 그 맛을 절찬했다. 안영과 숙손약에게도 한 개씩 하사하였다. 이제 복숭아가 두 개 밖에 남지 않자 안영이 말했다.

"이제 두 개가 남았습니다. 여러 신하들에게 자기가 세운 공을 말하게 하여 더 큰 공을 세운 사람에게 이 복숭아를 주도록 하는 게 좋을 듯합니다. 대왕께서는 분부를 내려 주십시오."

이 말을 들은 경공이 말했다.

"과연 좋은 생각이오."

그래서 큰 공을 세웠다고 자신하는 사람이 그 복숭아를 먹기로 했다. 그러자 공손접이 기다렸다는 듯이 나섰다.

"전에 대왕께서 사냥을 나가셨다가 호랑이를 만났는데 소장이 그 호랑이를 죽였습니다. 이만한 공이면 어떻습니까?"

안영이 말했다.

"용기를 내어 대왕을 보호했으니 작은 공이 아니지요. 한 개 드실 수 있는 자격이 충분하다고 하겠습니다."

그러자 의기양양해진 공손접이 복숭아 한 개를 가지고 갔다.

그때 고야자가 분개해 하면서 일어섰다.

"호랑이를 잡은 것이 뭐 그리 대단합니까? 소장은 요사스런 용을 잡아 대왕을 보호했습니다. 이만한 공로면 어떻습니까?"

안영이 말했다.

"그때 파도가 사나웠는데 장군이 용을 죽이지 않았더라면 우린 모두 물에 빠져 죽었을 것입니다. 그야말로 일세의 공로라고 할 수 있으니 당연히 드실 만한 자격이 됩니다. 되고말고요."

고야자가 좋아하며 복숭아를 한 개 집어 들고 갔다.

그러자 전개강이 급히 뛰쳐나오면서 말했다.

"소장은 서국을 토벌하면서 요국의 명장을 죽이고 5백여 명이나 포로로 잡았습니다. 서국의 왕은 결국 항복하고 말았습니다. 그러자 담국과 거국도 대왕을 맹주로 모시게 되었습니다. 이만한 공로면 소장 역시 복숭아를 먹을 수 있지 않겠습니까?"

안영이 말했다.

"장군의 공로는 앞의 두 장군보다 열 배는 더 크다고 생각됩니다. 하지만 애석하게도 복숭아를 다 먹었으니 다음을 기약할 수밖에 없게 되었습니다."

전개강은 격노하여 부르짖었다.

"용을 잡고 호랑이를 잡는 것은 애들 장난에 불과한 것입니다. 소장은 천 리 밖에서 죽을 각오로 싸웠는데 복숭아도 먹을 수 없게 되다니, 두 나라 군신의 웃음거리가 되고 말았습니다. 이런 치욕은 자손대대로 씻을 수가 없습니다. 소장이 무슨 낯으로 조정에 남아 있겠습니까?"

말을 마친 전개강은 칼을 뽑더니 자신의 목을 베었다.

이에 깜짝 놀란 공손접이 자신의 칼을 뽑아 들더니 말했다.

"큰 공을 세운 전 장군이 복숭아를 먹지 못해 죽었는데 보잘것없는 공을 세운 우리가 복숭아를 먹었으니 이건 수치입니다. 죽음으로 전 장군의 뒤를 따르지 않는다면 어찌 대장부라 하겠습니까?"

하고 말을 마친 공손접도 자신의 목을 베었다.

고야자가 이 광경을 보고는 비통함을 금치 못하면서 부르짖었다.

"우리 세 사람은 피를 나눈 형제 같은 사이며 생사를 같이하기로 맹세하였습니다. 두 사람이 이미 죽었으니 소장이 무슨 낯으로 살겠습니까?"

하더니 고야자도 그 자리에서 자살을 하였다.

경공이 제지하려고 했으나 이미 때는 늦었다. 이 광경을 지켜보던 노나라 소공이 말했다.

"세 장군의 용맹에 대해서는 일찍부터 들어 왔습니다. 그런데 이렇게 갑자기 죽으리라고는 생각하지 못했습니다. 참으로 애석한 일입니다. 대체 제나라에는 이런 사람들이 얼마나 있습니까?"

안영이 나서며 말했다.

"저들의 일은 안타까운 일이지만, 그러나 저들은 한낱 필부에 지나지 않는 인물들이지요. 저들의 생사에 대해서는 경중을 따질 가치가 없습니다. 아직도 우리 제나라에는 장수나 재상의 재목이 손으로 꼽을 수 없이 많이 있습니다."

이 말을 듣고서야 경공은 비로소 편안한 자세를 취할 수 있었다.

전개강과 고야자, 공손접은 분별없이 날뛰면서 안하무인격이었지만, 나름대로 각자 큰 공로도 있었고 뚜렷한 반역의 소지도 없었다. 그랬던 그들이 결과적으로는 안영의 계책에 빠져 목숨을 버린 것은 애석한 면이 없지 않다. 하지만 달리 생각해보면 그래도 안영의 생각이 옳았다고 할 수 있다. 그들 세 사람이 제나라의 난신적자가 되지 않는다고 보장할 수 없기 때문이다. 재난을 미연에 방지하려면 미리 선수를 쳐야 한다.

복숭아 두 개를 가지고 세 명의 용사를 감쪽같이 죽인 안영의 수단은 확실히 고명하다. 안영은 자신만 옳다고 고집을 부리는 그들의 독선을 잘 알고 그것을 이용했던 것이다. 그런 약점을 이용하여 서로를 헐뜯게 한 뒤 스스로 죽게 만들었다.

강한 상대를 대적할 수 없을 때에는 내부에서부터 타격을 가해야 한다. 상대의 약점을 십분 이용하여 그들로 하여금 쇠약해지게 하거나 서로 간에 싸우도록 하고 옆에서 구경이나 하다가 어부지리를 취해야 한다.

이 세 용사의 비극은 우리에게 다음과 같은 교훈을 준다.

분별없이 설치면 갖가지 재난만 부를 따름이다. 재능을 감추고 드러내지 않으면서 상대의 예기를 피해야만 무사할 수 있는 것이다.

죽은 척 연기를 해 살아서 끝내 패업을 이룬 제 환공

제나라 양공에게는 공자 규와 소백, 두 아들이 있었다. 포숙은 공자 소백을 섬기고 관중은 공자 규를 모셨다.

어리석고 난행이 심했던 양공이 공자 소백의 충고를 듣지 않자 소백은 거나라로 도망을 갔다. 공손무지가 음모를 꾸며 옥좌를 빼앗자 공자 규도 어머니의 옛집이 있는 노나라로 도망을 갔다. 민심을 얻지 못한 공손무지는 등극한 지 한 달이 지나 옹름에게 죽임을 당했다. 장자인 규가 왕위를 계승할 수 있는 기회가 마련되었다. 옹름은 규를 등극하게 하려고 노나라에 사신을 보냈다.

노나라 장공은 이 소식을 듣고 매우 기뻐했다. 그는 규가 귀국해서 즉위할 수 있도록 호송할 군사까지 파견하고자 했다.

그러자 대부 시백이 나섰다.

"제나라와 노나라는 힘이 비슷합니다. 우리 노나라로서는 제나라에 왕이 없다는 것은 좋은 일입니다. 먼저 움직이지 말고 상황을 지켜보는 것이 상책입니다."

그러나 규의 간곡한 청에 못이긴 장공은 끝내 그를 보내기로 하였다.

그때 관중이 규에게 말했다.

"소백 공자께서는 거나라에 계십니다. 거나라는 노나라보다 제나라와 가깝습니다. 만일 소백 공자가 먼저 도착한다면 왕위를 빼앗길 수도 있습니다. 제가 먼저 가서 그를 막겠습니다."

규가 동의했다.

"좋소, 그러면 군사가 얼마나 필요합니까?"

"서른 명이면 될 것입니다."

한편 거나라에 있는 소백도 제나라에 반란이 일어나 왕이 없다는 소식을 듣고 포숙과 상의했다. 그들 역시 거나라에서 군사를 빌려 황급히 길을 재촉했다.

밤낮으로 달려 온 관중이 소백의 대오를 따라잡았다. 관중이 수레에 단정하게 앉아 있는 소백에게 다가가 말했다.

"공자님께서는 그 동안 무사하셨습니까? 지금 어디로 가시는 중이신지요?"

소백이 대답했다.

"귀국을 해서 아버님의 장례식에 참석하려는 것이오."

그러자 관중이 말했다.

"규 공자님께서 장자이십니다. 귀국을 해서 장례를 치르는 데에도 구별이 분명해야 할 것입니다. 그러니 공자님께서는 여기서 잠시만 기다려 주십시오."

이 말을 들은 포숙이 말했다.

"관중은 썩 물러가라. 네가 어찌 감히 공자님의 일에 상관한단 말이더냐?"

관중은 눈을 부릅뜨고 있는 소백의 부하들을 보았다. 당장 손이라도 쓸 기세였다. 불리하다고 생각한 관중은 뒤로 물러서는 척했다. 그러던 관중이 갑자기 화살을 들더니 소백을 향해 시위를 당겼다. 그러자 소백은 비명을 지르며 쓰러졌다.

포숙이 고함을 질렀고 부하들은 울음을 터뜨렸다. 그런 사이에 관중은 부하들을 거느리고 도망쳤다. 관중은 일이 성사되어 매우 기뻤다.

관중이 돌아와서 규에게 이 같은 사실을 고하자 모두가 안심했다. 그들은 연회를 열어 자축하고 느긋하게 제나라를 향해 갔다.

그러나 실은 관중이 날린 화살은 소백의 허리띠에 맞은 것이었다. 소백은 관중이 명궁수임을 잘 알고 있었다. 그래서 화살이 허리띠에 맞았는데도 쓰러지며 죽은 것처럼 위장했던 것이다. 이런 그의 행동에 포숙까지도 속았다.

상황을 파악한 포숙이 말했다.

"관중이 다시 찾아올지도 모르니 서둘러 길을 재촉해야만 합니다."

그들은 지름길을 찾아 더욱 속도를 내면서 제나라의 도성에 닿았다.

입성에 성공한 포숙은 제나라 대부들을 찾아다니며 소백의 현명함과 높은 덕성을 알렸다. 하지만 많은 대부들이 의문을 품었고 의견도 분분했다.

"하지만 장자인 규 공자가 곧 돌아올 텐데 이 일을 어찌해야 좋단 말인가?"

그러자 포숙이 말했다.

"제나라에서는 두 왕이 계속 죽고 말았습니다. 현명한 인재가 아니고서는 나라를 안정시킬 수 없습니다. 장자인 규 공자가 즉위해야 하겠지만 소백 공자가 먼저 돌아왔습니다. 이것은 하늘의 뜻입니다. 규 공자가 즉위하면 규 공자를 받아들였던 노나라는 대가를 바랄 것이 분명합니다. 우리 제나라가 어찌 노나라의 요구에 응할 수 있단 말입니까?"

그래서 사람들은 공자 소백을 제나라 왕으로 추대했다. 이가 바로 제 환공이다. 왕에 오른 환공은 포숙의 의견을 받아들여 지난날의 원한을 따지지 않고 관중을 재상에 임명했다.

환공은 관중과 함께 부국강병에 힘쓴 결과 춘추시대의 첫 번째 패자가 되었다.

제 환공은 일세의 패자였을 뿐 아니라 천성적인 배우였다고 할 수 있다. 그런 급박한 상황에서도 관중의 눈을 속였을 뿐 아니라 자기의 부하들마저 속였다. 이런 사실은 그가 패업을 이룩할 수 있었던 이유를 설명해주기에 충분한 것이다.

상대방을 속이자면 먼저 자기 사람부터 속일 수 있어야 하며 나아가 자신까지도 속일 수 있어야 한다.

만일 포숙이 소백에게 속지 않았다면 그처럼 당황한 기색을 지을 수가 없었을 것이다. 그랬더라면 관중이 사실을 알아차리고 다시 화살을 쏘았을 것이 아니겠는가.

생사존망의 이치로 진나라 왕을 설득한 모초

전국시대 말기, 진秦나라 장양왕이 죽자 열세 살의 태자 정이 즉위했다. 이가 바로 뒷날의 진시황이다. 당시 진나라의 대권은 상국 여불위의 수중에 있었다. 여불위는 늘 궁전을 드나들면서 진왕의 생모인 장양태후와 사통을 했다. 뒤에 여불위는 노애로 하여금 장양태후와 사통을 하게 해 두 자식을 보게 했다.

성인이 된 진왕은 더 이상 여불위의 눈치를 보지 않으려고 했다. 마침 요독의 모반사건이 발각되자 여불위와 상의하지도 않고 요독을 비롯한 일당을 죽이고 그의 두 사생아도 죽였다. 그리고는 여세를 몰아 여불위를 상국의 자리에서 파면하는 한편 장양태후를 역양궁에 연금하고 영원히 만나지 않기로 맹세했다. 동시에 누구든 그곳을 드나들지 못하도록 했다.

공교롭게도 그해 4월에 한파가 몰아닥쳐 적지 않은 사람들이 죽었다. 그러자 사람들은 "태후가 귀양살이를 하고 자식이 어머니를 인정하지 않기 때문"이라며 그것을 진왕의 탓으로 여겼다. 장양태후에게 잘못이 없는 것은 아니지만 필경 그녀가 진왕의 생모임이 분명한데 그녀에 대한 진왕의 처사가 지나치다는 것이었다. 그래서 대신들은 앞다투어 진왕에게 글을올려 장양태후의 사면을 청했다.

그 일에 앞장 선 진충이 이렇게 말했다.

"천하에는 어머니가 없는 아들은 있을 수 없습니다. 폐하께서는 태후를 다시 모셔다가 효를 다해야만 합니다. 그렇게 되면 하늘의 변화를 만회할 수도 있을 것입니다."

하지만 진왕은 들으려 하지 않았다. 잔인한 성품을 타고 난 그는 진충의 옷을 벗기고 몽둥이로 때려 죽게 했다. 그의 시체를 왕궁 밖 처마에 걸어두고는 그 옆에 이렇게 팻말을 세워놓았다.

'태후의 일을 진언하는 자들은 이같이 될 것이다.'

진충이 죽은 뒤에도 태후의 일로 간언을 올리는 사람들이 있었지만 그들은 모두 죽임을 당했다. 그렇게 죽은 사람만도 27명이나 되었다.

당시 제나라 사람 중에 모초라는 자가 있었다. 그가 진나라의 도성인 함양을 유람하다가 여관에서 이 소식을 듣고는 분개하여 말했다.

"아들이 어머니를 구금하다니, 이것이야말로 대역무도가 아니고 무엇이겠는가. 내일 찾아가 진언을 해야겠다."

그러자 같이 여관에 있던 사람들이 한사코 그를 만류했다.

"이미 목숨을 잃은 사람이 스물일곱 명이나 되고, 그들은 모두 진왕이 가장 신임하는 대신들입니다. 그런 사람들의 말도 듣지 않는 진왕인데 당신 같은 사람의 말을 들을 리가 있겠소?"

모초가 말했다.

"그것은 알 수 없는 일입니다. 진왕이 내 말을 들을 수도 있는 일입니다."

이튿날 아침, 모초가 진왕을 찾아 나서려고 하자 여관 주인은 그의 옷자락을 부여잡고 만류했다. 그러나 뿌리치고 뒤를 돌아보지도 않고 길을 떠났다. 그가 영락없이 죽임을 당할 것이라고 단정한 여관 사람들은 그의 물건을 서로 나누어 가졌다.

왕궁에 도착한 모초는 스물일곱의 시신 앞에 서서 큰 소리로 말했다.

"나는 제나라 길손 모초라고 합니다. 진왕에게 간언을 드리고자 이렇게 왔습니다."

진왕이 보낸 환관이 나와서 모초에게 물었다.

"그대는 무엇을 간언하려고 하는가? 혹시라도 태후에 관한 일은 아니겠지?"

모초가 대답했다.

"바로 그 일 때문에 찾아 온 것입니다."

환관이 안으로 들어가 진왕에게 이 일을 고하자 진왕이 이렇게 전하라고 분부했다.

"그대는 앞에 쌓여 있는 시체들을 보았는가? 그대는 죽음이 두렵지 않단 말인가?"

모초가 말했다.

"듣자하니 하늘에는 스물여덟의 성수가 있는데 인간 세상으로 내려 왔다고 합니다. 지금 죽은 사람이 스물일곱이니 아직 하나가 부족합니다. 저는 스물여덟이라는 숫자를 채우려고 이렇게 온 것입니다."

환관이 들어가서 이를 고하자 진왕이 대노하며 말했다.

"저 천치 같은 놈이 감히 내 말을 거역하다니!"

그러면서 그는 영을 내렸다.

"뜰에 큰 가마를 걸고 물을 끓여라. 내가 저 놈을 산채로 삶아서 흔적도 없이 사라지게 할 것이다. 네 놈이 스물일곱 사람을 위해 어떻게 숫자를 채우는지 내 눈으로 똑바로 볼 것이다."

영을 내린 진왕은 노기가 충천하여 검을 짚고 앉아 있었다. 두 가닥의 짙은 눈썹이 거꾸로 일어섰고 입에는 거품을 물고 연신 고함을 질러댔다.

"어서 저 놈을 끌어다가 빨리 삶아 죽이지 못할까?"

환관은 모초를 불렀다. 모초는 일부러 잔걸음으로 천천히 앞으로 나아갔다. 환관이 빨리 걸으라고 재촉하자 모초가 말했다.

"나는 이제 어차피 죽을 목숨인데 천천히 걸어서 좀 더 살게 해주면 안 되겠소?"

그러자 그를 불쌍하게 여긴 환관이 곁에서 그를 부축해 주었다. 한참이 지나자 비로소 그는 진왕 앞에 이르렀다.

그때는 진왕의 노기가 한 풀 누그러져 있었다.

모초는 진왕에게 절을 한 뒤 말했다.

"제가 들은 바에 의하면 생명력이 강한 사람은 죽음에 대해 말하는 것을 꺼리지 않고, 강대한 나라를 갖고 있는 사람은 망하는 것에 대해 말하는 것을 꺼리지 않는다고 하옵니다. 죽음을 꺼린다고 해서 목숨을 유지하는 것이 아니고, 망하는 것을 꺼린다고 해서 나라를 유지할 수 있는 것은 아니옵니다. 이것이 생사존망의 이치인데 현명한 군왕들께서는 전심으로 연구했습니다. 왕께서는 들어보셨는지요?"

모초가 태후에 대한 이야기를 하지 않자 진왕의 노기는 얼마간

누그러졌다.

"어떤 좋은 계책이 있는지 말해 보거라."

모초가 말했다.

"충성하는 신하라면 아첨하는 말을 하지 말아야 하며 현명한 군주라면 이치에 어긋나는 행위를 하지 말아야 합니다. 군주가 이치에 어긋나는 행위를 했는데 신하가 그것을 지적해 주지 않는다면 신하가 군주의 뜻을 저버린 것입니다. 또한 군주가 신하의 충언을 들으려고 하지 않는다면 군주가 신하의 뜻을 저버린 것입니다. 지금 왕께서는 하늘의 뜻을 거역하고 이치에 어긋나는 행위를 하였지만 왕께서는 모르고 계십니다. 신하가 귀에 거슬리는 말을 하면 왕께서는 들으려고 하지 않기 때문에 진나라가 위험에 처하게 되었다고 생각합니다."

모초의 얘기를 듣던 진왕은 깊은 사색에 빠졌고 얼굴에는 노기가 사라진 듯 보였다.

"그대가 무슨 말을 하든 듣고는 싶어지는구나."

그러자 모초가 말을 이었다.

"왕께서는 지금 천하통일을 대업으로 삼고 계시지 않습니까?"

모초가 계속 말했다.

"천하가 진나라를 존중하는 것은 단지 무력 때문만은 아닙니다. 왕께서는 천하의 뛰어난 인재이시고 충신과 열사들이 진나라에 모여 들기 때문입니다. 그런데 지금 왕께서는 양부를 거열하고 모친을 연금해 이에 간언하는 충신을 학살하는 몰인정한 일들을 하셨습니다. 하나라의 걸왕이나 상나라의 주왕도 이렇게는 하지 않았습니다. 천하의 백성들에게 이런 사실이 알려지면 원성이 높아지게 될 것이고, 충신들은 차츰 딴 마음을 먹게 될 것이며, 제후들은 반란을 일으키게 될 것입니다. 이것을 어찌 애석한 일이라 하지 않겠습니까. 성공을 눈앞에 두고 있는 진나라의 대업이 왕의 수중에서 깨어지고 있는 것입니다. 저의 말은 모두 끝났습니다. 이제 왕께서는 저를 솥에 넣어 삶으십시오."

이렇게 말을 마친 모초는 옷을 벗어 던지고 펄펄 끓는 솥에 뛰어들려고 했다.

진왕은 급히 내려와 모초를 제지하면서 좌우의 환관들에게 말했다.

"솥을 어서 치워라."

모초가 말했다.

"왕께서는 진언을 거절하신다는 팻말을 걸어놓기까지 하셨습니다. 저를 삶아 죽이지 않는다면 신의를 저버리는 것이 됩니다. 부디 저를 삶아 죽이십시오."

진왕은 처마에 걸어둔 시신과 팻말을 어서 거둬들이라고 명령했다. 그리고는 모초에게 옷을 입히라고 분부한 다음 이렇게 말했다.

"전에 진언하는 자들은 모두 내 잘못만 질책할 뿐 나에게 생사존망의 이치를 말해 주지를 않았다. 오늘 그대가 그것을 가르쳐주니 눈앞이 확 트이는 것만 같소이다. 그러니 내가 어찌 그대의 말을 듣지 않을 수 있겠소."

이렇게 말한 진왕은 스물일곱 구의 시신을 거둬 입관하라고 명을 내렸다. 그들을 용수산에 묻고 묘지의 이름을 회충묘라고 지어 표창했다. 또한 모초를 태반으로 임명하고 상경의 직위를 하사하였다. 그런 한편 진왕은 손수 수레를 몰고 가서 장양태후를 모셔왔다.

훗날 천하통일의 위업을 달성하고 스스로 황제라 칭한 진왕 정은 흉악하고 잔인하기로 소문난 왕이다. 그는 자신에게 간언하는 스물일곱 명의 대신을 죽였다. 아무리 용기 있는 사람이라고 해도 그의 심기를 건드리기가 두려웠을 것이다.

하지만 모초는 자기의 주장을 진왕에게 진언했다. 이런 용기야말로 경탄할 만한 것이다. 아무리 말재주가 좋다고 해도 자기의 목숨을 보전하기가 힘든 상황이었기 때문이다.

호랑이를 잡으려면 호랑이 굴로 들어가야 한다는 정신은 찬양할 만한 것이다. 너무도 소심해서 이것저것을 염려한다면 자기 앞에 가로막혀 있는 높은 산을 영원히 넘지 못하고 제자리에서 답보상태로 있게 될 것이다. 복잡한 인생사를 풀어가려면 모험을 하지 않고서는 좋은 결과를 얻기가 어렵다.

무모한 보복으로 나라까지 망하게 한 태자 단

전국시대 말기의 일이다. 연나라 태자 단은 일찍이 조나라에 볼모로 가 있었는데 그때 조나라에서 태어난 진나라 왕의 아들 정과 어렸을 때 친구였다.

정이 진왕으로 즉위하자 단은 진나라로 볼모로 갔다. 진왕 정은 단이 어릴 적 친구인데도 푸대접을 하였다. 그러자 단은 한을 품고 도망쳐 진왕 정에게 언젠가는 보복을 하리라고 마음먹었다.

그때 진나라의 번어기 장군이 죄를 짓고 연나라로 도망쳐 왔다. 진나라에서는 번어기를 잡는 자에게 황금 천 근과 일만 호의 식읍을 주겠다는 방을 내 붙였다. 그러나 태자 단은 그를 받아들여 자기 집에 숨겨 주었다. 그러자 태박 국무가 단에게 권고했다.

"번어기를 받아들여서는 절대 안 됩니다. 스스로 황제라 칭하는 진왕은 포악무도한 인간입니다. 본시부터 연나라를 원수로 여기지 않았습니까? 그런데다 번어기를 받아들이기까지 한다면 그것은 불난 집에 부채질하는 것과 같아서 화를 자초하게 됩니다. 번어기는 흉노를 찾아가도 됩니다. 그러면 진나라는 우리 연나라를 공격할 구실이 없게 됩니다. 우리는 제 · 초 · 한 · 위 등과 동맹을 맺고 힘을 합쳐서 진나라와 맞서야만 합니다."

태자 단이 그의 말을 가로막았다.

"그만, 그만 하십시오. 저도 어찌할 바를 모르겠습니다. 어려운 처지에 있는 번 장군이 막다른 골목에 이르러 우리 연나라를 찾아왔습니다. 진나라의 위협이 무서워서 벗을 쫓아낼 수는 없습니다. 다른 방법을 생각해 보십시오."

국무는 단의 주장을 꺾을 수가 없었다.

"계구에 전광이라는 선생이 있는데 지모가 탁월하다고 합니다. 태자께서 한번 찾아가 보시는 것도 좋을 것 같습니다."

그래서 단은 전광을 찾아갔다. 전광이 단에게 형가를 소개하니 단이 형가를 찾게 되었다.

"전광 선생께서 당신을 소개해 주셨습니다. 지금 진나라는 흉악한 야심으로 끝없는 욕심을 부리고 있습니다. 천하의 땅을 삼켜버리고 모든 제후를 굴복시키기 전에는 멈추지 않을 것입니다. 연나라는 작은 나라이고 병력도 보잘 것 없습니다. 전에도 우리는 진나라 때문에 누차 곤경을 겪었습니다. 지금 전국의 병력을 총동원해도 진나라를 막을 수는 없습니다. 그래서 진나라에 용사를 파견하려고 합니다. 가서 연나라에 큰 이익을 주면서 진왕을 유인하여 그들이 빼앗은 여러 제후의 땅을 돌려주게 하려고 합니다. 이 방법이 안 되면 그 자리에서 진왕을 죽여야만 합니다. 진왕이 죽으면 진나라 안에서는 반란이 일어날 것입니다. 그 기회를 타서 여러 제후가 연합하면 진나라를 궤멸시킬 수 있습니다. 선생께서 나라를 위해 이 중임을 맡아 주시기를 간청합니다."

형가가 말했다.

"태자의 말씀이 없더라도 신이 뵙고 말씀드리려고 하였습니다. 하지만 우리의 성의를 입증할 만한 귀중한 예물이 아니고서는 진왕이 신을 믿으려고 하지 않을 것입니다. 지금 번 장군이 연나라에 투신해 왔는데 진왕은 번 장군의 머리를 얻으려고 황금 천 근과 만 호의 봉지를 내걸었습니다. 그러므로 제가 번 장군의 머리와 연나라의 기름진 땅 독항의 지도를 얻어 진왕에게 받친다면 진왕은 반드시 기뻐하며 신을 만나줄 것입니다."

그러자 태자가 말했다.

"그것은 안 됩니다. 번 장군은 곤궁한 끝에 내게 와서 몸을 맡겼습니다. 나는 사사로운 욕심 때문에 연장자의 마음을 상하게 하는 짓은 차마 할 수 없습니다. 선생은 다른 방법을 생각해 보십시오."

형가는 태자가 차마 번 장군의 목을 베지 못할 줄을 알고 몰래 번 장군을 만나 이렇게 말했다.

"진나라는 장군을 참으로 잔혹하게 대했습니다. 부모와 일가를 모두 죽이거나 노비로 만들었습니다. 이제 장군의 목에 황금 천 근과 일만 호의 식읍을 내걸어 찾고 있다고 합니다. 앞으로 이 일을 어찌하시렵니까?"

이에 번어기는 하늘을 우러러 탄식하고 눈물을 흘리며 말했다.

"나는 이 일을 생각할 때마다 골수에 사무치도록 괴롭습니다. 하지만 복수할 수 있는 마땅한 방법을 찾지 못하고 있습니다."

형가가 말했다.

"지금 단 한마디로 연나라의 근심을 없애고 장군의 원수를 갚을 수 있는 방법이 있다면 어떻게 하시겠습니까?"

번어기는 형가에게 다가가서 말했다.

"어떻게 하는 것입니까?"

그러자 형가가 말했다.

"장군의 목을 얻어 진왕에게 바치기를 원합니다. 그렇게 하면 진왕은 반드시 기뻐하여 저를 만나 줄 것입니다. 그때 제가 왼손으로는 그의 소매를 잡고 오른손으로는 그의 가슴을 찌르겠습니다. 그렇게 되면 장군의 원수를 갚고 연나라가 업신여김을 당한 것도 씻을 수 있습니다. 장군께서는 그렇게 하실 수 있겠습니까?"

번오기가 한쪽 어깨를 드러내고 한 손으로 팔을 움켜쥔 채 앞으로 다가서며 말했다.

"이것이야말로 제가 밤낮으로 이를 갈고 가슴을 치며 고대하던 일입니다. 이제 당신의 가르침을 듣게 되었습니다."

그러고는 말을 마친 번어기는 칼을 뽑아 들더니 자기 목을 베어 버렸다.

태자 단은 이 소식을 듣고 달려가 시체에 엎드려 통곡하며 매우 슬피 울었지만 이미 어쩔 수 없는 일이었다. 그래서 번어기의 목을 상자에 넣어 봉하였다. 태자 단은 형가에게 많은 재물과 함께 날카로운 비수를 주었다. 비수에는 독을 발랐다.

준비가 끝나자 태자 단은 사람을 죽인 일로 용사로 칭송받는 진무양으로 하여금 형가와 동행하게 했다.

진나라에 도착한 형가는 진왕의 총애를 받고 있는 몽가에게 황금 천 근을 주고 그를 매수했다.

몽가가 진왕에게 보고했다.

"연나라는 진나라가 두려워서 진나라를 섬기려는 뜻을 전하기 위해 번어기의 목과 독항의 지도를 바치려고 합니다."

진왕이 듣고는 몹시 기뻐하면서 왕궁에서 연나라의 사신을 접견하겠다고 했다.

형가는 번어기의 머리가 들어 있는 상자를 들고 진무양은 독항의 지도가 들어 있는 상자를 들었다. 형가가 앞에 서고 진무양이 뒤를 따르면서 궁으로 들어갔다. 담이 크기로 소문난 진무양이었지만 경호가 삼엄한 왕궁에 들어가 위풍당당한 진왕을 보자 안색이 변하더니 몸까지 떨었다. 여러 신하들이 보고 모두 이상하게 생각했다. 하지만 형가는 침착하고 태연자약했다. 그는 급히 뒤를 돌아다보면서 진무양에게 웃어 보이고는 앞에서 변호했다.

"이 사람은 북방의 좁은 시골에서 사는 무지한 야인으로 이처럼 넓은 세상을 보지 못했습니다. 더욱이 천자를 뵌 적도 없는데다 황궁을 보고는 떨리는 가슴을 주체하지 못하고 있는 것입니다. 그러니 폐하께서는 헤아려 주시기 바랍니다."

그제야 진왕은 의심을 풀고 형가에게 말했다.

"저 사람이 들고 있는 지도를 가져오너라."

형가는 지도를 바쳤다. 진왕은 둘둘 말려 있는 지도를 천천히 펴기 시작했다. 지도가 다 펴질 무렵 비수가 나타났다. 형가는 쏜살같이 날아가 왼손으로 진왕의 옷소매를 거머잡고는 비수를 쥔 오른손을 앞으로 내밀었다. 그러나 비수는 진왕의 몸에 닿지 못했다. 깜짝 놀란 진왕은 황급히 몸을 움츠리면서 위기를 모면하려고 애썼다. 옷소매가 떨어졌다. 진왕은 급히 검을 뽑았다. 그러나 검이 너무 길었기 때문에 뽑히지를 않았다. 진왕은 칼집만 잡은 채 어쩔 줄을 몰랐다.

바짝 쫓는 형가를 피해 진왕은 기둥을 빙빙 돌면서 도망치는 수밖에 없었다. 문무백관들은 놀란 나머지 멍하니 쳐다보고만 있었다. 그들 역시 속수무책이었다. 더구나 당시 진나라 법에 따르면, 왕 앞에 나아갈 때는 그 어떤 무기도 휴대해서는 안 되었다. 경호를 맡고 있는 시위들도 궁전 밖에 있는 계단에 있어야 했다. 그들 역시 왕의 분부가 없이는 무기를 지니고 궁에 들어가지 못했다. 하지만 상황은 너무나도 급박했다. 그런 긴박감이 진왕으로 하여금 시위들을 불러야 한다는 생각을 하지 못하게 했다.

그래서 형가는 궁전에서 진왕을 쫓아다닐 수 있었던 것이다. 그런 상황에서 진왕은 형가와 맞서 싸울 수 있는 병기를 얻을 수가 없었다. 그래서 맨주먹으로 대응하는 수밖에 없었다. 다행히 어의가 들고 있던 약탕기를 던져서 형가를 주춤거리게 할 수 있었다. 그 틈을 타서 시립해 있던 신하들이 고함을 질렀다.

"폐하, 칼집을 뒤로 밀면서 검을 뽑아내십시오!"

진왕은 고함소리에 문득 깨달아 칼집을 뒤로 밀면서 검을 뽑아 형가에게 내리쳤다. 형가는 너무 갑작스런 반격에 미처 막아낼 수가 없었다. 또한 검에 찍힌 허벅지가 절단되면서 바닥에 쓰러지고 말았다. 그러자 형가는 진왕을 향해 비수를 던졌으나 비수는 기둥에 꽂히고 말았다.

상황이 역전되자 진왕은 형가에게 다가가 칼을 휘둘렀다. 큰 부상을 입었지만 형가는 여전히 의연한 자세로 기둥에 기대어 너털웃음을 터뜨렸다. 그런 다음 진왕을 향해 욕설을 퍼부었다.

"내가 성공하지 못한 것은 너를 사로잡으려고 했기 때문이다. 너를 사로잡고 강박해서 너희들이 강점하고 있는 연나라 영토를 되찾으려고 했다. 나는 그것으로 태자 단에게서 입은 은혜를 보답하고자 했다."

형가의 말이 채 끝나기도 전에 사람들이 뛰어나와 그를 죽였다.

이 사건으로 말미암아 진왕은 왕전에게 연나라를 공격하게 했다. 진나라 군대가 도성을 점령하자 연나라 왕 희와 태자 단은 멀리 도망치는 수밖에 없었다. 진나라 장군 이신이 군사를 거느리고 연나라 왕을 쫓았다. 결국 위급한 상황에서 연왕 희는 태자 단의 머리를 바쳤다. 그러나 진나라는 그것을 받아들이지 않고 계속 공격을 가해 몇 년 뒤에 연나라는 망하고 연왕 희는 포로가 되고 말았다.

태자 단은 안목과 진취성이 없는 사람이었다. 연나라가 약하고 진나라가 강하다는 것은 너무도 분명한 현실이었다. 그렇다면 연나라는 어떻게 하는 것이 현명한 처신이었을까? 그것은 자신을 발전시키고 강대하게 하며 장래를 위해 치욕을 참으면서 나라의 힘을 길러야만 했다.

그런데 태자 단은 진왕에게 푸대접을 받았다고 해서 그것에 보복하려고 했고 자객을 보내 진왕을 죽이려고 했다. "군자는 10년 후에 원수를 갚아도 늦지 않다"는 말이 있다. 그러나 태자 단은 분초를 다투어 가면서 보복에 열을 올렸다. 보복하는 방법 역시 칼로 찔러 죽이는 가장 낮은 계책을 사용했다. 그는 내란을 야기하여 상대방의 공세를 피하려고 했을 뿐 어떻게 하면 자신의 힘을 키울 것인가에 대해서는 미처 생각하지 못했다.

이것은 극히 근시안적인 안목으로 기회를 엿보아 교묘하게 이득을 취하려는 소행에 지나지 않는다. 사실이 입증했듯이 그것은 연나라를 망하게 부채질했을 뿐이며 그 자신은 죽음을 당했다.

양가죽 다섯 장으로 백리해를 얻은 진 목공

백리해는 여러 해 동안 고심하면서 스스로의 재능을 연마하였다. 그는 여러 나라를 돌아다니면서 자기의 포부를 실현하려고 했지만 그를 눈여겨보는 사람은 없었다.

처음에 그는 제나라로 가서 제 양공에게 의탁하려고 했으나 추천해주는 사람이 없었다. 노자가 바닥이 났으나 일을 성사시키지 못한 그는 거리에서 구걸을 해야만 했다. 그러다가 건숙이라는 사람을 만났다. 건숙은 백리해가 보통 사람이 아님을 첫눈에 알았다.

얘기를 나누어 보니 과연 그는 재주와 지혜가 뛰어난 사람이었다. 그는 소를 사육하는 재간이 있었기 때문에 주왕의 아들 퇴를 만날 수 있었다. 하지만 백리해가 보기에 퇴가 큰 뜻을 품고는 있지만 약골이라고 여겨 그의 곁에 있지 않기로 했다. 건숙은 백리해를 우나라에 추천했다.

우나라의 대부 궁지기가 백리해를 우나라 왕에게 천거했다. 하지만 우나라 왕은 그를 중용하지 않았다. 나중에 우나라가 진晋나라에게 멸망을 당하자 백리해는 진나라의 포로가 되었다. 하지만 진나라에서도 그는 중용되지 못한 채 진秦나라로 보내져 진 목공 부인의 시중을 드는 종이 되는 처지에 놓이게 되었다. 백리해는 탄식했다.

"나는 세상을 구할 수 있는 재능을 갖고 있으나 밝은 임금을 만나지 못해 제대로 포부를 펴지 못하고 죽을 때까지 남의 시중을 드는 종으로 살아야 하는 것인가!"

중도에서 도망을 친 그는 송나라로 갔다가 후에 초나라로 갔다. 초나라에서 첩자로 오인되어 잡히게 되자 스스로 "내게는 소를 기르는 재주가 있다"고 내세웠다. 그래서 그는 목축민이 되어 말을 사육하게 되었다.

한편 진 목공은 진나라에서 딸려 온 노예의 명단에서 백리해라는 이름을 보았다. 그러나 이름만 있을 뿐 사람이 없었다. 그래서 대부 공손지에게 물었다.

"공은 한동안 진나라에 있었으니 백리해라는 사람을 알지도 모르겠소."

공손지가 대답했다.

"백리해는 드문 기재입니다. 세상을 다스릴 만한 재능을 가진 사람이지만 때를 만나지 못해서 떠돌이로 지내고 있지요."

진 목공은 인재를 아끼는 사람이었다.

"그렇다면 그를 불러다 쓸 방법이 없겠소?"

공손지가 대답했다.

"들은 바에 의하면 그의 아내가 초나라에 있습니다. 그래서 초나라로 갔을 겁니다."

알아보니 과연 백리해는 초나라에서 말을 사육하고 있었다.

진 목공이 공손지에게 물었다.

"많은 재물과 백리해를 바꾸고자 하면 초나라에서 응할 것 같소?"

공손지가 말했다.

"안 됩니다. 그런 방법으로는 백리해를 데려 올 수 없습니다."

의아해진 진 목공이 물었다.

"왜 안 된다는 것이요?"

공손지가 대답했다.

"그가 말을 기르고 있는 것은 초나라 왕이 아직 그의 재능을 모르고 있기 때문입니다. 왕께서 많은 금을 주면서 그와 바꾸자고 하면 백리해가 인재임을 초나라 왕에게 알려주는 것밖에 안 됩니다. 그렇게 되면 그들이 백리해를 중용하려고 할 것입니다. 그러니 그런 방법으로는 데려 올 수가 없습니다. 차라리 '도망친 죄수'이니 내놓으라고 하십시오. 그렇게 하면 적은 돈으로 감쪽같이 데려 올 수 있을 것입니다."

진 목공이 무릎을 쳤다.

"과연 좋은 방법이오."

진 목공은 사신에게 양가죽 다섯 장을 내주면서 초나라 왕을 만나라고 분부했다.

사신이 초나라 왕을 찾아가 말했다.

"백리해라는 죄수가 도망을 쳐서 지금 초나라에 있다고 들었습니다. 그를 데려가 죄를 물으려고 합니다. 청하옵건대 양가죽 다섯 장을 드릴 터이니 그를 내어주시기 바랍니다."

초나라 왕은 진나라 왕에게 잘못 보이기라도 할까 두려워 백리해를 잡아다가 진나라 사신에게 넘겨주었다. 백리해가 떠날 때 남해의 백성들은 그가 진나라로 가면 죽임을 당할까 염려가 되어 서글프게 울었다. 하지만 백리해는 웃으면서 말했다.

"나는 진나라 왕이 패권에 뜻이 있음을 잘 알고 있습니다. 그런 분이 무엇 때문에 신경을 써가면서 일개 늙은 종을 잡아가겠습니까? 초나라에 와서 도망친 죄수를 잡아간다는 것은 거짓이고 데려가 중용하려는 것이니 여러분은 슬퍼하지 마십시오."

이렇게 해서 백리해는 진나라로 오게 되었다.

진 목공이 백리해를 불러 물었다.

"진나라는 중국의 서쪽 변경에 위치해 있는데다 소수민족이 많이 살고 있소이다. 중원 여러 나라는 동맹을 맺고 있으면서 진나라를 냉대하고 있소. 그래서 진나라는 여러 면에서 다른 나라에 비해 낙후되어 있소이다. 과연 어떻게 해야 진나라가 강대해질 수 있겠소?"

백리해는 이렇게 말했다.

"진나라는 마땅히 서쪽 변경에 있는 소수민족과 자주 전쟁을 벌여야 합니다. 그러면 전쟁을 통해 백성을 단련시킬 수 있고 그런 역량은 진나라로 하여금 강대해지게 할 수 있습니다. 동시에 동쪽의 중원 여러 나라들과는 되도록 전쟁을 회피하면서 예의로써 대해야 합니다. 그러면 경제적인 이로움을 취할 수 있습니다. 서쪽에 있는 소수민족들은 어렵지 않게 제압할 수 있기 때문에 영토를 확장하면서 많은 노동력을 얻을 수 있습니다. 왕께서는 훌륭한 정책으로 국내의 백성을 위로하면서 강대한 군사력으로 서부의 소수민족을 정복하고 서쪽 변경을 안정시켜야 합니다. 그리고 동쪽으로의 관문을 잘 지키면서 중원의 변화를 면밀하게 주시한다면 능히 패업을 이룰 수 있을 것입니다."

진 목공이 듣고 매우 기뻐하면서 백리해를 상경으로 임명하고 국정을 관리하도록 했다. 백리해는 양가죽 다섯 장과 바꿔 온 사람이기 때문에 진나라 사람들은 그를 '오고대부'라고 불렀다.

백리해는 가련한 인물이었다. 가슴 가득 경륜과 포부를 품고 있었지만 가는 곳마다 퇴짜를 맞으면서 중용되지 못하다가 결국 양가죽 다섯 장에 팔려 온다. 결과적으로 진 목공만 큰 이익을 보게 되었다.

진 목공이 양가죽 다섯 장이 아니라 황금 5천근을 주고 사려고 했다면 아마 백리해와 같은 인재를 얻지 못했을 것이다. 그랬더라면 백리해가 황금5천 근에 해당하는 보배임을 초나라 왕에게 알려주는 것이 되고 말았을 것이다. 초나라 왕이 바보가 아니라면 그 보배를 내주지 않거나 아니면 그를 이용하여 한 몫 단단히 챙기려고 했을 것이다. 만약 그렇게 되었다면 진 목공은 백리해를 얻지 못했을 것이다.

쓸개를 핥으면서 복수를 다짐해 오나라를 멸망시킨 구천

춘추시대 말기 양자강 중하류 지역에서 앙숙인 월나라와 오나라가 패권을 다투었다. 합려에 의해 강대해진 오나라가 월나라를 토벌하려고 나섰다. 월나라 왕 구천은 오나라의 침략에 용의주고하게 맞서 싸웠다. 그 결과 월나라는 오나라를 크게 격파하고 오나라 왕 합려에게 부상을 입혔다. 뒤에 합려는 울분과 고통에 시달리다가 죽고 말았다.

합려가 죽자 그의 손자 부차가 즉위했다. 젊고 용맹한 부차는 한순간도 월나라에 대한 복수를 잊지 않았다. 그는 나라의 치욕과 원수를 잊지 않으려고 부하 열 명을 궁전 앞에 세워 두고 지나다닐 때마다 "부차여, 그대는 조부를 죽인 월나라에 대한 복수를 잊었는가?"하고 소리치게 했다. 그럴 때마다 부차는 울면서 "잊지 않았다!"고 대답했다. 그는 백비를 태재로 삼고 군대를 조련하면서 할아버지의 3년 상이 끝나기만을 기다렸다.

3년 상이 끝나자 부차는 오자서를 대장으로 삼아 전국의 병력을 동원하여 월나라 토벌 준비를 착착 진행시켰다.

이 소식이 월나라에 전해지자 월나라 왕 구천은 군사를 시켜 오나라에 맞서려고 하였다.

그러자 범려가 나서며 말했다.

"부차는 무려 3년 동안이나 힘을 비축했습니다. 그런 만큼 지금 출병해서는 절대 안 됩니다. 성을 지키는 것이 가장 좋은 방법입니다. 그렇게 해서 적의 예봉을 피해야만 합니다."

이런 범려의 말에 문종도 맞장구를 쳤다.

"최상의 방법은 강화조약을 맺는 것입니다."

그러나 구천은 이들의 충고를 듣지 않고 군사를 일으켰다. 그 결과 오나라와 월나라의 전쟁에서 월나라 왕 구천은 오나라 왕 부차에게 크게 패하였다. 부차는 구천의 부부를 오나라 궁궐에 감금시켜 놓고 온갖 잡무를 시켜 그에게 갖은 모욕을 주었다. 구천은 부차 앞에서 매우 공손하게 자신을 낮추어 부차의 신임을 얻어서 마침내 부차의 손에서 벗어나 월나라로 돌아갈 수 있었다.

구천은 월나라로 돌아온 뒤에 가시나무 덤불에서 자고 쓸개를 핥으며 와신상담, 복수의 의지를 다졌다. 오나라는 강대하여 무력에 의지해서는 월나라가 도저히 이길 수가 없었다. 월나라 대부 문종이 구천에게 이렇게 말하였다.

"높이 나는 새는 맛있는 것을 먹으려 하다가 죽고, 깊은 물에서 노니는 물고기는 향기 나는 미끼에 걸려 죽습니다. 오나라에게 원수를 갚으려면 응당 오나라 왕이 좋아하는 것을 던져 주어 그의 의지를 꺾어 놓아야 부차를 죽음의 땅으로 몰고 갈 수 있습니다."

이리하여 구천은 절세미인 서시와 정단을 부차에게 보내고, 해마다 수많은 보물을 부차에게 바쳤다. 부차는 구천이 완전히 자신에게 복종한 줄로 알고는 조금도 신경을 쓰지 않았다. 부차는 종일토록 미녀들과 술을 마시며 놀기에 바빴다. 오나라 대신 오자서의 간언조차도 전혀 듣지를 않았다. 오나라가 제나라를 공격할 적에 구천은 군사를 내어 부차를 도와 제나라를 공격하여 부차에게 충성심을 보여, 그를 안심시켰다. 오나라가 승리를 거둔 뒤에 구천이 직접 오나라에 가서 승리를 축하해 주었다.

부차는 날이 갈수록 심하게 주색에 빠지게 되었다. 부차가 정사를 돌보지 않게 되자, 오자서는 힘써 간언을 했지만 도리어 참소를 입어 도리어 해만 당할 뿐이었다. 구천은 부차의 이러한 것을 보고는 속으로 매우 기뻐하였다. 기원전 482년 오나라가 크게 가뭄이

들었다. 구천은 부차가 북으로 가서 맹약을 맺는 틈을 타서 갑자기 군사를 동원하여 오나라를 정벌하였다. 너무도 뜻밖에 생긴 일이라 오나라는 아무런 준비가 없이 당하기만 하여 나라는 망하고 부차 자신은 죽을 수밖에 없었다.

이 이야기는 새로운 것이 아니다. 그러나 언제 들어도 경각심을 갖게 하기에 충분한 이야기다. 여기에서 우리는 적어도 교훈을 삼을 만한 것이 두 가지 정도 있다.

첫째, 월왕 구천이 와신상담한 이야기이다. 한 나라의 왕이 하룻밤 사이에 다른 사람의 하인으로 전락하여 비웃음을 사게 되었다. 그런 일을 겪어 본 사람만이 큰일을 위해 지금의 치욕을 참을 줄 알게 된다. "선비는 죽일 수는 있어도 모욕을 줄 수는 없다"는 말이 있다. 용감성과 강직함을 대변하는 말이다. 그러나 "하늘이 무너져도 솟아날 구멍이 있다"는 말도 잊지 말아야 한다. '큰일을 위해 치욕을 참는 것'이 '정의를 위해 죽음을 두려워하지 않는 것'보다 더욱 큰 용기와 의지력을 필요로 한다.

둘째, 문종과 범려의 뛰어난 지모와 안목이다. 문종과 범려가 없었다면 구천은 견딜 수 없었을 것이다. 이 두 사람이야말로 먼 앞날을 예견한 인물들이다. 그들을 의지하여 약소국이었던 월나라는 강대한 오나라를 멸망시킬 수 있었고, 구천은 패업을 이룰 수 있었다.

2부

정락의 기술

긴 안목으로 재력과 권력을 얻은 여불위

전국시대 말기, 조나라의 거상巨商 여불위는 한단에 물건을 사러 갔다가 우연히 조나라에 볼모로 와 있던 자초를 보았다. 자초는 진나라 태자인 안국군의 많은 서자 중 한 사람으로서 제후 나라의 볼모로 수레와 말과 재물이 넉넉하지 않고 생활이 어려워 실의에 빠져 있었다. 그를 보고 불쌍하게 여긴 여불위가 이렇게 말했다.

"이 진귀한 재물은 사 둘만하다."

그리고 자초를 찾아가서 말했다.

"나는 당신의 가문을 크게 만들어 줄 수 있습니다."

그러자 자초는 웃으면서 말했다.

"그럼 먼저 당신 가문을 크게 만든 뒤에 내 가문을 크게 만들어 주시오."

여불위가 말했다.

"당신이 모르는 모양인데, 제 가문은 당신 가문에 기대어 커질 것입니다."

자초는 그 말뜻을 깨닫고 여불위를 안으로 불러들여 마주앉아서 속마음을 털어놓았다. 여불위는 이렇게 말했다.

"진나라 왕은 이미 늙었습니다. 안국군이 태자가 되었는데 화양 부인을 총애하신다고 들었습니다. 그렇지만 화양 부인에게는 아들이 없으니, 누가 왕의 뒤를 이을지는 오직 화양 부인에게 달려 있습니다. 지금 당신 형제는 스무 명도 더 되고, 당신은 둘째 서열인데다가 그다지 사랑을 받지 못하고 있습니다. 또한 오랫동안 제후의 나라에 볼모로 있습니다. 그러니 만일 왕이 세상을 떠나고 안국군이 왕위에 오르면 당신은 형이나 여러 형제와 아침저녁으로 태자 자리를 놓고 싸울 수도 있습니다."

그러자 자초가 물었다.

"옳습니다. 이를 어떻게 하면 좋겠습니까?"

여불위가 대답했다.

"당신은 가난하고 객지에 나와 있어 어버이를 공손히 섬기거나 빈객과 사귈 힘이 없습니다. 제가 비록 가진 것은 없지만 당신을 위해 1000금을 갖고 서쪽으로 가서 안국군과 화양 부인을 섬겨 당신을 후사로 삼도록 하겠습니다."

자초는 머리를 숙이며 말했다.

"당신 계책대로 된다면 진나라를 그대와 함께 나누어 가지도록 하겠소."

여불위는 자초에게 500금을 주어 빈객과 사귀는 비용으로 쓰도록 하고, 또 500금으로는 진기한 물건과 노리개를 샀다. 여불위는 직접 그 물건을 들고 서쪽 진나라로 가서 화양 부인의 언니를 통해 화양 부인에게 모두 바치고 이렇게 말했다.

"자초는 어질고 지혜로우며 널리 천하 제후들의 빈객과 두루 사귀고 있습니다. 자초는 언제나 화양 부인을 하늘처럼 여기고 밤낮으로 태자와 부인을 흠모하여 눈물을 흘립니다."

화양 부인은 매우 기뻐하였다.

여불위는 곧이어 그 언니에게 이렇게 말해 부인을 설득하도록 했다.

"제가 듣건대 아름다운 얼굴로 남을 섬기는 자는 아름다운 얼굴이 스러지면 사랑도 시든다고 합니다. 지금 부인께서는 태자를 섬기며 총애를 받고 있지만 불행하게도 아들이 없습니다. 그러므로 일찌감치 여러 아들 가운데 현명하고 효성스러운 자와 인연을 맺어 그를 후사로 발탁하여 양자로 삼으셔야 합니다. 그래야 남편이 살아 있을 때는 존중받으며 귀한 자리에 있고, 남편이 죽은 뒤에도 양자가 왕이 되므로 끝까지 권력을 잃지 않을 것입니다. 이것이 바로 한마디 말로 장구한 이로움을 얻는 일입니다. 영화를 누릴 때 터전을 닦아 놓아야지 아름다운 얼굴이 스러지고 사랑이 식은 뒤에는 비록 한마디 말을 하려고 해도 어떻게 할 수 있겠습니까? 지금 자초는 현명하여 스스로 둘째 아들이기 때문에 후사가 될 수 없음을 알고 있으며, 그를 낳아 준 어머니도 사랑을 받지 못하므로 스스로 부인에게 의지할 것입니다. 부인께서 진심으로 이때에 그를 후사로 뽑아 맏아들로 삼는다면 화양 부인께서는 일생 동안 진나라에서 존경받을 것입니다."

화양 부인은 그 말을 옳게 여겨 태자가 한가한 틈을 타서 조용히 말했다.

"조나라에 볼모로 가 있는 자초는 매우 현명하여 그곳을 오가는 사람이 모두 칭찬합니다."

그리고 눈물을 떨구며 말했다.

"소첩이 다행히 후궁 자리에 있지만 불행하게도 아들이 없습니다. 부디 자초를 후사로 세워서 소첩의 몸을 맡길 수 있도록 해 주십시오."

안국군은 그것을 허락하고 부인에게 옥부를 새겨 주어 자초를 후사로 삼겠다고 약속하였다. 안국군과 화양 부인은 자초에게 많은 물품을 보내고, 여불위에게 그를 잘 보살피도록 부탁하였다. 이 일로 자초는 제후국에 그 이름이 알려지게 되었다.

진나라 소왕 50년에 진나라가 조나라의 도읍인 한단을 포위하였는데, 사태가 급박해지자 조나라에서는 자초를 죽이려고 하였다.

자초는 여불위와 모의하여 금 600근으로 지키던 관리를 매수하고 탈출하여 진나라 군대로 도망쳐 본국으로 돌아올 수 있었다.

진나라 소왕이 즉위한 지 오십육 년 만에 죽고 태자 안국군이 왕위에 올라 화양 부인을 왕후로 하고 자초를 태자로 삼았다. 그러자 조나라는 자초의 아내와 아들 정을 받들어 진나라로 돌려보냈다.

진나라 왕이 즉위한 지 일 년 만에 죽자 태자 자초가 왕이 되니 이 사람이 장양왕이다. 장양왕은 양어머니 화양 부인을 화양 태후라 하고, 생모 하희를 높여서 하 태후라 하였다. 장양왕 원년에 여불위를 승상으로 삼고 문신후文信侯에 봉하였으며, 하남 낙양의 10만호를 하사했다.

이처럼 긴 안목은 여불위로 하여금 이익은 있어도 손해는 없는 장사를 하게 했다.

여불위는 성공한 장사꾼이었다. 장사꾼이 성공하려면 시세를 정확하게 파악해야 하고 장사의 밑천을 아끼지 말아야 한다.

여불위는 시세를 잘 파악하고 있었다. 그는 진나라의 왕이 될 가능성이 있는 인물과 친교를 맺었다. 어려운 처지에 있었기 때문에 쉽게 사귈 수 있었고 또 쉽게 감동시키면서 두터운 우정을 쌓을 수 있었다. 그는 목적을 현실로 바꾸기 위해 투자를 아끼지 않고 자초로 하여금 태자가 될 수 있도록 도왔다.

그는 이 같은 자신의 노력이 수포로 돌아가지 않게 했을 뿐 아니라 자초를 감동시켰으니 일석이조의 성과를 본 셈이다. 그의 가장 큰 투자는 자신의 애첩을 자초에게 넘겨준 것이다. 여불위는 황금과 미녀로 진나라의 절반을 얻었다고 할 수 있다. 큰 투자가 큰 이익을 얻게 했던 것이다.

타이밍은 가장 중요한 것이다. 돈이 많다고 머리가 뜨거워져서 맹목적으로 투자를 한다면 본전도 건지기 어렵다. 타이밍은 저절로 오는 것이 아니다. 스스로 만들어야 한다. 여불위가 자초로 하여금 태자에 책봉되도록 뛰어다니지 않았다면 그는 기껏해야 일개 장사치에 지나지 않았을지도 모른다. 그러므로 타이밍은 앉아서 기다리는 것이 아니라 스스로 만들어야 하는 것이다.

교활한 계책으로 정적을 제거한 정수

위나라 왕이 초나라 왕에게 미인를 보냈다. 초왕이 얼마 되지 않아 그 미인에게 폭 빠져버리고 말았다. 초왕의 부인인 정수가 왕이 그녀를 좋아한다는 것을 알고는 겉으로는 태연한 척했지만 속으로는 그녀를 제거할 방법을 궁리했다. 그런 한편 그녀의 환심을 사기 위해 애를 썼다. 정수는 좋아하는 정도가 왕보다 더하다는 것을 보이기 위해 그녀가 좋아하는 옷과 장신구, 노리개 따위를 주었다.

그러자 초왕이 말하기를 "부인은 내가 그녀를 좋아한다는 것을 알고, 나보다도 더 그녀를 아껴주니 이것은 효자가 부모를 공경하고 충신이 군주를 받드는 모범이라 하겠소"라고 하였다.

정수는 이제 자신이 절대로 그녀를 질투하지 않을 것이라고 왕이 생각하게 되었음을 알고 그녀에게 말했다.

"왕께서는 그대를 몹시 사랑한다오. 그런데 당신의 코가 마음에 들지 않는가 보오. 그러니 왕을 뵐 때 코를 가리고 모신다면 왕의 총애가 영원할 것이오."

그녀는 정수의 말을 따라 매번 왕을 뵐 때마다 자신의 코를 가렸다.

초왕이 정수에게 물었다.

"새로 온 여인이 과인을 볼 때마다 항상 코를 가리니 어찌된 영문인지 모르겠소?"

정수는 머뭇거리는 척하다가 대답했다.

"저도 그 까닭을 모르겠사옵니다."

그러자 초왕이 계속 다그쳐 물으니 정수는 마지못한 듯이 말했다.

"얼마 전에 그녀가 그러는데 왕의 냄새를 맡을까봐 그런다고 합니다."

그러자 초왕은 노하여 명령했다.

"저년의 코를 당장 베어버려라."

정수가 미리 시종에게 분부해 놓았다.

"만일 왕께서 무슨 말을 하시거든 그대로 즉시 실행하여라."

시종은 즉시 칼을 들어 그녀의 코를 베어버렸다.

초왕의 부인 정수는 위나라에서 온 미인에게 작은 혜택을 베풀었다. 그 작은 혜택으로 말미암아 그 미인은 올가미에 걸리고 말았으니 그야말로 불쌍하기 짝이 없는 노릇이다.

정수는 너무도 교활하고 미인은 너무도 어리석었다. 미인이 정수에게 제거당한 근본 원인은 궁정에서의 경험이 부족한 때문이었다. 정수는 오랫동안 왕의 부인으로 있으면서 궁정 내부의 싸움에 익숙해진 인물이다. 그런 인물이 아니었다면 그 자리를 지켜내지 못했을 것이다.

그런 정수에 비해 미인은 풋내기였다. 그녀는 궁정 생활에 필요한 권모술수를 너무 몰랐던 것이다. 그녀는 자신의 미모로 초왕의 환심만 사면 모든 것을 얻을 수 있을 것이고 생각했던 것이다. 그녀는 자신이 한낱 초왕의 노리개에 지나지 않는 존재이며 재앙이 그림자처럼 뒤따르고 있음을 전혀 눈치채지 못했다. 그래서 정수의 몇 마디 감언이설에 속았던 것이다.

자신을 황제로 만들어준 자들을 모두 제거한 옹정제

옹정이 청나라 황제가 된 것은 지금도 많은 의문을 갖게 한다. 황제가 된 옹정은 무슨 변고라도 생길까 두려워 온종일 불안 속에서 살았다. 그래서 등극 초기에는 소름끼치는 일도 마다하지 않았다.

옹정제는 열한 가지의 유지를 내리면서 모든 문무백관들로 하여금 엄격히 법을 지키도록 했다. 많은 밀정을 파견하여 문무백관들의 불법행위를 감시하도록 했다.

하루는 옹정제가 백관을 불러놓고 물었다.

"정초에 경들은 집에서 무슨 일들을 했는가?"

그러자 어떤 백관은 "술을 마셨다"고도 하고, 어떤 백관은 "바둑을 두었다"고도 하고, 또 어떤 백관은 "아무 일도 하지 않았다"고도 하였다. 그런데 시랑 벼슬에 있는 한 사람의 얼굴색이 해쓱해졌다. 다른 사람들이 모두 대답했기 때문에 그도 대답을 해야만 했다. 그는 솔직하게 말하는 수밖에 없었다.

"신은 처첩들과 밤을 새우면서 골패놀이를 했습니다."

그러자 옹정제가 웃으면서 말했다.

"노름은 금기가 아니오? 하지만 경은 집사람들과 놀았고 또 정초이기도 하니 괜찮지 않겠소? 경이 솔직하게 말을 했으니 상을 내릴테니 가지고 가서 처첩들과 즐겁게 놀도록 하오."

말을 마친 옹정제는 그에게 작은 꾸러미 하나를 던져주었다. 그는 감사를 드리고 나서 집으로 돌아왔다.

집에 와서 옹정제가 준 꾸러미를 풀어 보니 안에는 골패 한 짝이 들어 있었다. 그래서 그가 갖고 놀던 골패를 조사해 보니 황제가 준 바로 그 골패 한 짝이 빠져 있었다.

첩이 말했다.

"저희가 가지고 놀던 골패는 신첩이 보관해 두었는데 황제께서 어떻게 이것을 가지고 계셨을까요?"

시랑이 말했다.

"더는 말하지 마시오. 앞으로는 더욱 조심해야만 하오."

하지만 첩은 도무지 의문이 풀리지 않았다. 시랑은 문을 닫은 다음 이렇게 말했다.

"나는 오늘 천만다행으로 솔직하게 말해서 목이 잘리거나 파직을 당하지 않았소. 당신은 모를 거요. 황제께서 황자로 계실 때 사귄 사람들이 천지사방에 깔려 있소. 그들 중에는 적혈자라는 무기를 만든 사람도 있는데…."

그때 마침 천장에서 무슨 소리가 들렸다. 대경실색한 시랑은 두 팔로 급히 머리를 감싸 안았다. 첩은 영문을 몰랐다. 한참 뒤 동쪽 창문으로 고양이 한 마리가 뛰어 들어왔다. 그제야 시랑은 긴장을 풀 수 있었다. 하지만 다시는 적혈자에 대한 이야기는 입 밖에 내지 않았다.

옹정제는 잇달아 친형제들 간의 일을 수습하기 시작했다. 일단 조금만 꼬투리라도 잡기만 하면 사정없이 제거했다.

하루는 서녕에 보낸 밀정이 와서 보고했다.

"아홉째 황자 윤당이 서양인 목경원에게 암호를 만들게 해서 여덟째 황자 윤사와 서로 내통하고 있습니다. 아마도 모반을 획책하고 있는 것 같습니다. 폐하께서는 조심하셔야만 합니다."

말을 마친 밀정은 암호로 쓰여 진 편지 한 통을 내놓았다. 그것은 아홉째 황자가 여덟째 황자에게 보내는 편지였다. 그러나 암호를 해독할 수 없는 옹정제는 그 편지를 읽을 수가 없었다.

또 하루는 성경 지역의 밀정이 와서 보고했다.

"어떤 사람이 열넷째 황자 윤제에게 글을 올리면서 '왕'이라고 불렀는데 열넷째 황자는 그를 죄로 다스리지 않고 대신 상을 주었다고 합니다."

그가 돌아가자 이번에는 다른 밀정이 찾아와 보고했다.

"여덟째 황자 윤사는 황공하옵게도 폐하가 빨리 죽기만을 바라면서 밤낮으로 저주하고 있습니다."

옹정제는 화가 치민 나머지 윤당과 윤사, 윤제를 체포하는 한편 심복에게 분부하여 몇십 가지에 이르는 그들의 죄상을 만들도록 했다. 옹정제는 그들을 옥에 가두었다.

며칠 뒤에 윤사가 병사했다는 보고가 올라왔다. 옹정제는 짐짓 놀란 듯 꾸며대면서 말했다.

"짐은 그들이 죄를 뉘우치도록 구금했을 뿐인데 죽다니…."

그가 이렇게 탄식하고 있을 때 다른 보고가 올라왔다.

"윤당이 급병에 걸려서 사망했습니다."

옹정제는 또 탄식했다.

"하늘이 알아서 그들의 목숨을 가져가는구나. 그렇지 않으면 아직 죽을 나이가 아닌데 어찌 그렇게 갈 수가 있단 말인가."

이튿날 신하들은 "죽은 황자들의 처자와 윤제, 윤아 등을 모두 죽여야 한다"고 상주했다. 옹정제는 다시 너그러운 자세를 가장

하여 말했다.

"그들은 이미 죽었으니 처자들은 다치게 하지 마시오. 윤제와 윤아는 주범이 아니니 뒤에 다시 논의하도록 하겠소."

그 뒤부터 그의 형제간 중에는 그에게 감히 대항할 만한 이가 없게 되었다.

옹정제는 그가 황위에 오르는 데 참여했던 음모자들을 뿌리째 뽑아 버림으로써 진상을 은폐하려고 하였다.

옹정제는 밖으로는 연갱요, 안으로는 융과다에게 도움을 받아 황제로 등극할 수 있었다. 형제들 가운데 장애물을 제거한 옹정제는 이 연갱요와 융과다 같은 인물들에게 주의를 돌리기 시작했다.

연갱요는 신체가 건장하고 무예가 뛰어난 인물이었다. 그는 옹정제와 결의형제를 맺었는데 옹정제가 그를 선황인 강희제에게 천거했다. 그는 적혈자라는 특별한 무기를 만들었는데, 겉은 가죽 주머니지만 그 안에는 작은 칼이 많이 들어 있었다. 적을 만나 그 주머니를 머리에 씌우면 그의 머리가 잘려 주머니 안에 떨어진다. 거기에 다시 화골약수를 뿌리기만 하면 사람의 머리는 이내 핏물로 변한다. 그가 거느리고 있던 수하들은 이 무기를 가지고 옹정제의 적대세력을 제거하였다.

어느 날 옹정제는 연갱요를 항주로 전근시켰다. 그러자 한 대신이 옹정제의 심사를 알아차리고 92개에 이르는 연갱요의 죄상을 열거했다. 대노한 옹정제는 연갱요를 파직시키고 조사를 벌이기 시작했다. 결국 연갱요는 자결을 하고 말았다.

융과다는 옹정제의 외삼촌이다. 강희제가 사망할 때 강희제의 유지를 받아 황위를 옹정제에게 넘겨준다는 유서를 썼고 또 그 유서를 선독한 사람이다. 그는 옹정제를 위해 많은 일을 했고 또 업적도 많은 인물이다. 하지만 그가 옹정제의 내막을 잘 알고 있었기 때문에 옹정제는 늘 불안 속에서 살았다. 이런 융과다가 연갱요와 가까운 사이였다는 이유로 탄핵을 받는 일이 생겼다. 옹정제는 석보에게 이에 대한 조사를 지시했다.

석보가 융과다의 죄상을 열거하자 융과다가 대답했다.

"그런 것은 사소한 일들이오. 내 죄상은 그뿐이 아니오. 하지만 나는 종범에 지나지 않을 뿐이오."

석보가 물었다.

"그렇다면 주범은 누구요?"

융과다가 대답했다.

"지금의 황제요. 내가 한 일 가운데 어느 것 하나 그의 분부에 따르지 않은 것이 있단 말이오?"

석보도 더 이상 따지지 못했다.

옹정제는 그래도 그를 죽이지는 않았다. 다만 영원히 옥에 가두었을 뿐이다.

연갱요와 융과다를 제거한 뒤에야 옹정제는 비로소 한숨을 돌릴 수가 있었다. 그런데 연갱요는 황제 직속의 정보기관인 혈적자의 수령이었다. 옹정제는 그를 따르던 수하들이 찾아와 복수를 할까 두려웠다. 그는 연갱요의 수하들을 연회를 벌여 위로한다는 구실로 불러들였다. 그리고는 음식에 독약을 넣어 그들을 몰살시켰다.

옹정제는 이런 수단으로 후환을 깨끗이 제거한 뒤에야 한 시름을 놓을 수 있었다.

옹정제를 폭군으로 단정 지을 수는 없다. 그는 음험했지만 포악하지는 않았다.

옹정제는 우선 첩보망을 통해 자신의 위신을 세웠다. 그의 첩보망은 관원의 사생활까지 침투되어 있었다. 사람은 자기의 생사여탈권을 쥐고 있는 상대방에게 낱낱이 노출되어 있음을 알게 되었을 때 깊은 공포에 휩싸이게 된다. 그러므로 신하들은 복종하는 것 외에는 달리 방법이 없었던 것이다.

황위를 지키기 위해 옹정제는 이단자들을 제거했다. 자기의 친형제들까지 서슴지 않고 칼을 들이댔다. 권력을 위해서라면 친지간의 정이나 인륜도 모두 하잘것없는 것에 불과했다. 그의 이익을 건드리기만 하면 무자비해졌다. 그리고 죽임을 당한 황족들 역시 권력밖에 모르는 인간들이었다.

불쌍한 사람들은 그래도 연갱요나 융과다와 혈적자들이다. 옹정제는 토끼 사냥이 끝나면 사냥개를 삶아 먹듯이 그들을 모두 제거했다.

악인과 공모하는 자들의 말로가 좋을 수 없다. 극악한 호랑이는 언제나 은혜를 원수로 갚기 때문이다. 그래서 불의를 행하는 자들은 언제든 자멸하게 되고 악인을 따르는 자들은 악인의 음해를 피할 수 없게 되는 것이다.

가로챈 옥새로 고명대신을 죽인 서태후

1861년 7월, 함풍제가 열하에서 죽었다. 함풍제는 임종하면서 재원과 단화, 숙순, 경수 등 여덟 사람을 고명대신으로 삼고 황태자 재순을 보좌하라고 분부했다.

함풍제가 죽자 재원을 비롯한 대신들은 재순을 황제로 등극시키는 한편 황후와 황제의 생모를 황태후로 삼았는데 자안태후와 자희태후가 바로 그들이다. 이 가운데 자희태후가 그 유명한 서태후다.

북경에서 이 같은 소식을 전해들은 공친왕 혁흔은 불만이 컸다. 함풍제의 친동생인 자기에게는 국정에 간여할 명분이 없었기 때문이었다. 그때 자희태후가 가장 총애하는 태감 안덕해가 자희태후의 밀서 한 통을 가지고 왔다. 두 사람은 하루종일 밀담을 나누었다. 이튿날 공친왕은 분상을 하러 간다는 서찰을 보냈다.

공친왕의 서찰을 살펴본 숙순이 말했다.

"공친왕은 분상을 하러 온다는 구실로 우리를 몰아내려고 하니 제지하는 것이 마땅합니다."

이친왕이 말했다.

"그는 돌아가신 황제의 친동생이니 명분이 정당한데다 이치에도 맞습니다. 어떻게 제지할 수 있단 말씀입니까?"

숙순이 말했다.

"그것은 괜찮습니다. 북경은 요충지이기 때문에 잘 수비를 해야 하고 또 영구를 모셔 간다는 것도 좋은 명분이 될 것입니다."

이친왕이 기뻐하면서 숙순에게 속히 답장을 보내라고 했다.

그때 이사 동원순이 두 황태후가 수렴청정하려 한다고 말했다. 이친왕이 그 소리를 듣고 욕설을 퍼부었다.

"말도 되지 않는 소리가 아니오. 청나라 조정이 열리기 시작하면서부터 태후가 수렴한 선례가 없지 않소. 어떤 염치없는 사람이 이따위 생각을 한단 말이오?"숙순이 말했다.

"배후가 있는 것 같습니다. 이와 같은 일이 일어나지 않도록 철저히 막아야 합니다."

숙순은 조제(조상이 물려준 제도)라는 두 글자를 써서 공친왕의 의견을 묵살했다. 그러면서 그는 누구든 다시 이런 말을 꺼내는 자가 있다면 엄벌에 처하겠다고 선언했다. 그들은 이렇게 하기만 하면 후환이 없을 줄로만 알았던 것이다. 그러나 그들은 서태후가 옥새를 가로채고 있는 줄은 까맣게 모르고 있었던 것이다.

서태후 자희는 이친왕 무리가 독단 전횡하면서 자기를 거들떠보지도 않자 자안태후와 상의했다. 자안태후는 본시 수렴할 생각이 없었으나 자희태후가 꼬드기는 바람에 마음이 움직이기 시작했다.

자안태후가 물었다.

"저 사람들이 딴 마음을 먹고 있는 것 같은데 어쩌면 좋겠소?"

자희태후가 대답했다.

"공친왕을 불러 한번 상의를 해보는 것이 좋겠습니다."

그런 가운데 달포가 지날 무렵 공친왕 혁흔이 도착했다. 숙순이 그 소식을 듣고 황급히 나가서 그를 맞았다.

"여기까지 어찌 오셨습니까? 성지를 내려 황도 북경의 수비에 만전을 기하라고 했는데 받지 못하셨습니까?"

공친왕이 말했다.

"길을 떠난 지가 수일이 지났습니다. 그런 관계로 받지를 못했습니다."

숙순이 물었다.

“성지를 받지 못하고 떠나셨다니 그럼 황도의 일은 누가 주관하고 있습니까?”

“황도는 괜찮습니다. 대신들이 많이 있으니까 말입니다. 그리고 황도는 이미 안정을 되찾았습니다. 형님 폐하의 영전에 곡을 하고 또 두 태후께 문안을 드리려고 온 것입니다.”

그러자 군기대신 두한이 말했다.

“곡을 하시는 것은 좋지만 태후마마를 뵙는 것은 불편하실 것입니다. 두 태후마마와는 형수와 시동생 사이가 아니십니까?”

공친왕은 이 말에 반박을 하려고 했지만 상대의 숫자가 많은데다 부화뇌동하고 있기 때문에 어쩔 수 없이 물러나고 말았다.

공친왕이 숙소에 돌아오니 안덕해가 와 있었다. 그에게 정황을 말하니 안덕해는 잠시 생각에 잠겼다가 이렇게 말했다.

“아무 일도 없을 것입니다.”

그날 밤 공친왕의 숙소에 수레 한 대가 도착했다. 수레에서는 안덕해의 부축을 받으며 한 여인이 모습을 드러냈다. 여인은 새벽이 되어서야 돌아갔다.

이튿날 점심 무렵 공친왕이 다시 나타나 곡을 한 뒤 이친왕 등과 작별인사를 나눈 뒤 태후를 만나지 않고 곧바로 돌아갔다. 공친왕은 쥐도 새도 모르게 두 태후를 만나 의논을 했다. 그러나 숙순을 비롯한 다른 사람들은 그 사실을 전혀 모르고 있었다.

공친왕이 떠나자 두 태후는 당장 황궁으로 돌아가자고 졸랐다. 숙순 등은 일찍 회궁을 하면 두 태후가 공친왕과 손을 잡을까 일정을 늦추고 있었다.

그러자 서태후가 나무랐다.

"황도가 안정되었다고 하니 하루 빨리 선제의 장례를 지내야 하지 않겠습니까?"

그러나 대신들은 침묵을 지킬 따름이었다.

서태후가 계속해서 말했다.

"우리 여자들은 여러 대신들에게 의지하지 않을 수가 없습니다. 그런데 왜 선제의 영구가 궁으로 돌아가지 못하도록 막고 있는 것입니까? 선제께 불충하고 있다고 생각하지 않으십니까?"

숙순이 말했다.

"일찍이 태후가 정사에 관여한 선례가 없습니다. 태후께서 그렇게 말씀을 하셔도 우리는 그에 따르지 않을 것입니다."

서태후가 말했다.

"우리도 조상이 물려준 제도를 어기려고 하지 않습니다. 다만 황제가 너무 어려서 염려가 될 따름입니다. 여러 대신들이 보좌를 한다면 더욱 좋겠지요. 하지만 경들은 대체 무엇을 하고 있는 것입니까? 선제의 장례는 치러지지 않고 있고, 황제는 아직 등극하지 못하고 있습니다. 좋습니다. 그렇다면 경들 마음대로 해보세요."

서태후가 이렇게 나오자 대신들은 물러날 수밖에 없었다. 너무도 화가 치민 숙순 등은 회궁을 하는 도중에 서태후를 제거하기로 합의했다. 예절을 따르자면 태후의 행렬이 앞이다. 재원은 고북구에 이르면 손을 쓰려고 했다.

그러나 서태후는 영특한 여인이었다. 그녀는 시위 영록에게 부하들을 거느리고 자신의 경호에 만전을 기하라는 명령을 내렸다. 영록은 서태후에게 충성을 다짐했던지라 숙순 등은 끝내 기회를 얻지 못했다.

황도에 당도하니 공친왕이 문무백관을 거느리고 성 밖에 나와 일행을 맞았다. 성 밖에도 도처에 군사들이 주둔해 있었는데 그들은 두 태후에게 매우 공손한 태도를 보였다. 그런 모습을 보는 숙순은 불안하기 짝이 없었다.

이튿날 재원이 입궁을 하려고 하는데 공친왕이 한 무리의 군사를 이끌고 나타났다.

공친왕이 말했다.

"청이왕을 해임하라는 성지가 있었소이다!"

당황한 재원이 물었다.

"신은 선제의 명을 받은 고명대신이오. 그런데 누가 감히 나를 해임할 수 있단 말이오?"

공친왕이 말했다.

"태후마마께서 내리신 성지요."

두 사람이 이렇게 논쟁을 벌이고 있는데 단화가 들어왔다.

그러자 공친왕이 단화에게 말했다.

"마침 대인께서도 오셨구만. 잘 되었소이다. 두 분을 해임하라는 성지요."

이 말에 단화는 너털웃음을 터뜨렸다.

"성지는 우리가 작성하는 것이외다. 그 성지라는 것은 대체 어디서 난 것이오?"

공친왕이 꺼내 든 성지에는 과연 옥새가 찍혀 있었다. 두 사람은 반항하려고 했지만 공친왕의 군사들에게 제지를 당하고 말았다.

서태후는 즉시 숙순을 비롯한 대신들을 해임하고 영구를 호송하고 있는 석순을 체포하기 위해 군사를 파견했다.

며칠 후 재원과 단화는 자살을 했고, 석순의 시체는 시장바닥에 나뒹굴었다. 그런 가운데 새 황제가 등극하여 연호를 동치라 했다. 뜻을 이룬 서태후는 자안태후와 함께 수렴청정을 했다.

서태후의 승리에는 공친왕 혁흔의 음모가 크게 기여를 했다. 이점 역시 역대 궁궐의 권력쟁탈의 특징이라 할 수 있다. 무슨 일이든 두 손바닥이 마주 닿아야 소리가 나는 법이다. 반드시 패거리와 공범자가 있어야 한다는 뜻이다. 또 이런 패거리와 공범자에게는 실권과 실력이 있어야 한다.

공친왕 혁흔은 실권을 쥐고 있는 인물임과 동시에 배척을 받는 위치에 있는 인물이었다. 같은 처지에 있었기 때문에 서태후와 공친왕은 야합할 수 있었다. 한 사람은 황제의 옥새를 쥐고 있었고 다른 한 사람은 군권을 쥐고 있었으니 숙순을 비롯한 대신들의 운명은 이미 결정된 것이나 다름없었다.

미인계로 이간질하여 동탁을 죽인 왕윤

기원전 190년, 한 헌제가 9세의 어린 나이에 제위에 오르자, 조정은 동탁이 장악하여 스스로 태사라 칭하고 전권을 휘둘렀다. 동탁은 사람을 함부로 죽일 뿐 아니라 위인이 음험하여 제위를 찬탈할 야심을 품고 있었다. 조정의 모든 문무백관들은 동탁을 미워하면서도 또한 두려워했다.

어느 날 동탁은 문무백관들 앞에서 자신과 대립하고 있는 장온을 죽였다. 그 장면을 목격한 사도司徒 왕윤은 동탁과 그 양아들 여포를 제거하지 않으면 조정이 위험할 것이라고 느꼈다 그러나 동탁의 신변에는 무용이 뛰어난 여포가 있고 그 세력 또한 강대해 대적하지 못했다.

오랜 고민 끝에 왕윤은 '미인계'를 써야겠다고 생각했다. 왕윤의 집에 초선이라는 가희歌姬가 있었는데, 미모와 재주가 뛰어날 뿐만 아니라 왕윤은 그녀를 딸처럼 대했다. 왕윤은 초선에게 '미인계'로 동탁을 죽이려는 계획을 말해주었다. 초선은 왕윤이 자신을 딸처럼 대해주고 그동안 베풀어 준 은덕에 감사했기 때문에 자기를 희생하여 동탁을 제거하기로 결심했다.

연회가 있던 날에 왕윤은 초선을 여포의 옆에 앉도록 준비하였다. 여포는 초선을 보자마자 기뻐 어찌할 줄 몰랐다. 왕윤은 초선이 자신의 딸이라고 소개하고 두 사람이 잘 어울린다고 얘기하며 초선을 여포와 결혼시키기로 서로 결정했다.

다음날, 왕윤은 동탁을 집으로 초청해 연회를 베풀었는데, 그 자리에서 초선에게 춤을 추도록 하였다. 동탁도 그녀를 보자마자 홀딱 반하고 말았다. 왕윤이 동탁에게 말했다.

"태사께서 마음에 드신다면 딸아이를 드리도록 하겠습니다."

동탁은 짐짓 사양하는 척하다가 초선을 데리고 집으로 데리고 돌아갔다.

여포가 이 사실을 알고는 크게 화가 나서 왕윤에게 따지고 들었다. 그러나 왕윤은 이런저런 변명을 둘러대며 여포를 속이며, 이렇게 말했다.

"태사께서 그 며느리를 보자고 하시는데 어찌 그 영을 거역할 수 있겠습니까? 태사께서는 오늘이 길일이라며 딸아이를 데리고 가서 장군과 결혼시키겠다고 하셨습니다."

왕윤의 말이 사실인 줄로 믿고 여포는 동탁이 결혼식을 치러주기를 기다렸다. 그런데 며칠이 지나도록 아무런 얘기가 없어 사정을 알아보니, 동탁이 초선을 자기의 첩으로 만들었다는 것을 알게 되었다. 그 순간 여포는 속이 뒤집혔으나 참고 동탁에게 복수하리라 마음을 먹었다.

어느 날 동탁이 조정에 들어갔는데 항상 뒤를 따르던 여포의 모습이 보이지 않아 이상한 생각이 들어 급히 집으로 돌아왔다. 동탁이 이리저리 여포를 찾았는데, 후원에서 초선을 껴안고 있는 것이었다. 화가 머리끝까지 난 동탁은 여포를 창으로 찔렀다. 그러자 여포가 한 손으로 창을 막았다. 여포는 그 즉시 여포의 집을 떠났다. 왕윤은 이제 시기가 무르익었다고 여겨, 여포를 밀실로 불러 상의했다. 왕윤은 동탁이 초선을 강제로 데려 간 것에 대해 크게 분노하는 척 했는데, 이에 여포가 이를 갈며 말하였다.

"부자 사이가 아니라면, 정말로 그를 죽이고 싶소."

그러자 얼른 왕윤이 말을 받아 말했다.

"장군, 그렇지 않소. 장군의 성이 여 씨이고 태사의 성은 동 씨인데, 그게 어찌 부자 사이란 말입니까? 게다가, 그는 장군의 처를 빼앗고 더구나 창으로 죽이려고까지 했는데 무슨 부자 사이란 말입니까?"

그러자 여포가 내뱉듯이 말했다.

"사도께서 잘 일깨워 주셨습니다. 그런 인간을 죽이지 않으면 나는 사람이 아니오."

왕윤은 여포의 결심이 굳게 선 것을 보자, 거짓 성지를 만들어 동탁이 조정에 들어와 성지를 받도록 했다. 동탁은 한껏 거들먹거리며 조정에 들어왔다. 그러나 먼저 와 기다리고 있던 여포가 동탁을 창으로 목을 찔러 죽이고 말았다. 동탁이 죽자 조정의 대신들은 모두 쾌재를 불렀다.

『홍루몽』에 나오는 가보옥은 "남자는 흙으로 빚은 골육이고 여자는 물로 만든 골육"이라고 했다. 남자는 구리고 여자는 향기롭다는 것이다. 그렇다면 향수가 재앙을 불러올 수 있는가? 향수가 화근이란 말인가? 여자들은 천성적으로 약자다. 그래서 그녀들을 위해 싸우는 남자들이 있게 되었고 남자들은 그녀들을 도구로 삼게 되었던 것이다. 그녀들을 화근이라고 하는 것은 남자들의 머리 위에 쏟아지는 빗줄기가 너무도 셌기 때문이었을 것이다.

중국 권모술수의 사례를 열거해 보면 미인계는 보편적으로 활용된 계책 가운데 하나였다. 미인들은 어쩔 수 없이 남자들의 싸움에 휘말려 들었다. 그 결과 누가 이기든 미인들은 희생양이 되어야만 했다.

꾀병으로 정적을 속이고 제거한 사마의

삼국 시대 위魏 명제 때, 조정은 대장군 조상과 태부 사마의가 다스렸다. 사마의는 태부로 관직이 올랐지만 겉으로 보기에 직위만 높아졌을 뿐 군권은 조상 일족이 쥐고 있었다. 사마의는 이러한 상황으로 인해 병이 났다고 거짓핑계를 대고는 집에 칩거하며 때를 기다렸다.

조상은 오만하고 권력을 전횡하여 안하무인이었지만, 유일한 걱정거리가 사마의였다. 마침 이승이 청주자사로 가게 되자 조상은 이승에게 사마의를 작별인사차 방문하도록 해 그의 동태를 살피도록 했다. 사마의는 그 사실을 훤히 꿰뚫어 보고 있었으므로 두

건을 벗어버리고 머리를 산발하고는 이불을 껴안은 채 침상 위에 앉아 짐짓 중병에 걸린 체하면서 이승에게 들어오도록 했다.

이승은 인사를 마친 후 말을 건넸다.

"한 참 동안 태부를 뵙지 못했습니다만, 병이 이토록 중한 줄 정말 몰랐습니다. 오늘은 제가 청주자사로 가게 되어 태부께 작별인사를 드리려고 이렇게 찾아뵈었습니다."

사마의는 일부러 잘못들은 척하며 말했다.

"병주는 북방이 가까우니 매우 조심하여야 할 것이네."

이승은 사마의의 말을 바로잡았다.

"제가 가는 곳은 청주이지 병주가 아닙니다."

사마의가 다시 말했다.

"그대가 병주에서 왔다고?"

이승은 큰 소리로 대답했다.

"산동의 청주로 갑니다."

사마의는 웃으며 거짓으로 대답했다.

"청주에서 왔다고?"

이승은 속으로 생각했다. '이 늙은이가 어떻게 이리 심하게 병이 들었는고? 귀까지 먹었구먼.'

"붓을 가져 오너라."

이승이 하인에게 말하고는 그에게 써서 보여 주었다.

사마의는 그것을 보고서야 마침내 확실히 알았다는 듯이 웃으며 말했다.

"귀까지 먹은 줄은 몰랐다네."

이렇게 말하며 손으로 입을 가리키자, 시녀가 그에게 탕약을 대령한 걸 입으로 마시면서 온 침상에 흘렸다. 기침을 심하게 한 후 말했다.

"나는 이제 늙었고 병도 이리 중하니 아마 며칠 더 살지 못할 것 같네. 우리 집 아이들 둘이 아직 재목이 못 되었으니 자네가 그들을 잘 훈육해 주게. 조상 대장군을 뵙거든, 잘 좀 부탁드려 주기 바라네."

그는 다시 기침을 하기 시작했다.

이승은 작별인사를 마치고 돌아가 조상에게 사정을 그대로 보고하자, 조상은 크게 기뻐했다.

"그 늙은이가 죽으면 나도 이제 안심할 수 있게 되었다."

그 후로 조상은 사마의에 대해 별로 주의하지 않았다.

사마의는 이승이 떠나는 것을 보고는 몸을 일으켜 두 아들에게 다음과 같이 일렀다.

"이제부터는 조상이 나에 대해 진짜로 방심할 것이다. 우리는 때가 무르익기를 기다려 그에게 정말로 쓴맛을 보여줘야 한다."

오래지 않아 조상은 어가를 호위하여 명제를 모시고 선조를 배알하러 떠나게 되었다. 사마의는 즉시 옛 부하들을 소집하고 집안 가병들을 이끌고 무기고를 점령한 후, 태후를 위협하여 조상의 일당을 제거한 뒤, 조상에게는 병권만 내어 놓으면 그를 해치지 않겠다고 속였다.

그러나 국면이 안정되자 사마의는 조상과 그 일당을 모두 처치해 마침내 위나라 군정의 대권을 장악하게 되었다.

조상은 두 가지 잘못을 범했다.

첫 번째, 조상은 조사를 하지 않는 잘못을 범해 관직을 잃고 군권을 잃었다. 조상의 유일한 적수는 사마의였다. 사마의만 제거하면 그는 거리낄 것이 없었다.

조상은 사마의가 진짜 아픈 줄로 알았다. 이승을 보내 확인했지만 교활한 사마의는 속임수로써 고비를 넘겼다. 그래서 조상은 더욱 안심을 하게 되었다.

그는 사마의가 기회를 엿보고 있다는 것을 몰랐다. 조상이 사마의를 직접 조사하지 않았기 때문에 사마의에게 기만을 당할 수밖에 없었다. 고기가 뱃속으로 들어가기 전에는 경각심을 늦추지 말아야 한다. 입에 물고 있던 고깃덩어리는 빼앗길 수도 있기 때문이다.

두 번째, 조상은 경솔하게 믿었다. 이 잘못으로 인해 그는 목숨을 잃게 되었다. 그 어떤 사람도 경솔하게 믿어서는 안 된다. 그가 거짓말을 하지 않는다고 누가 장담할 수 있단 말인가?

넓은 도량으로 부하를 감복시킨 장왕

초나라 장왕이 영윤 투월초의 반란을 평정하고 돌아와 여러 신하를 점대漸臺에 모아놓고 연회를 베풀었다. 이 자리에는 장왕의 비빈도 참석했다.

"과인이 풍류를 즐기지 않은 지 6년이다. 이제는 역신도 제거되어 나라가 안정을 찾았으니 문무관원들은 실컷 마시고 마음껏 즐기도록 하라."

임금과 신하들은 푸짐한 음식과 흥겨운 풍류로 하루를 즐겼다. 저녁이 되어도 흥이 다하지 않자, 장왕은 불을 밝히고 사랑하는 허희를 시켜 여러 대부에게 술을 돌리게 했다. 술잔을 받은 신하들은 자리에서 일어나 받아 마셨다.

그런데 난데없는 광풍이 연회석을 휩쓸자 모든 촛불이 일시에 꺼져버렸다. 미처 불을 켜지 못하고 있는데, 어떤 사람이 허희의 소매를 끌어당겼다. 허희는 깜짝 놀라 왼손으로 소매를 잡아 뽑고 오른손으로 그 사람의 관끈을 잡아당겨 끊었다. 관끈이 끊어지자 그 사람은 크게 당황하여 허희의 손을 놓았다. 허희는 관끈을 들고 서둘러 장왕 앞으로 달려가 조용히 고했다.

"신첩이 대왕의 명을 받들어 백관에게 술을 돌리는데 그 중 한 사람이 무엄하게 촛불이 꺼짐을 틈타 신첩의 손을 끌어당겼습니다. 신첩이 그 자의 관끈을 잡아당겨 끊어왔으니 빨리 불을 밝혀 그 무례한 자를 찾아내도록 하소서."

그러나 장왕은 다음과 같이 명했다.

"오늘 이 연회에서 경들과 마음껏 즐기기로 약속했다. 경들은 모두 관끈을 끊고 실컷 마시자. 관끈이 끊어지지 않은 자는 마음껏 즐기지 않은 자이다."

백관들이 모두 관끈을 끊은 후에 장왕은 촛불을 밝히라고 명했다. 결국, 허희의 손을 잡은 자가 누구인지 알 수 없게 되었다. 연회가 끝나 궁으로 돌아온 허희는 장왕에게 물었다.

"신첩은 남녀 간에 예의가 있어야 한다고 들었습니다. 더구나 군신 간에는 더 말할 것도 없습니다. 대왕께서 여러 신하들에게 술을 돌리라 시키신 것은 신하들에게 존경의 뜻을 표하신 것입니다. 그런데 무엄하게도 신첩의 손을 끌어당긴 자가 있었나이다. 그럼에도 대왕께서는 그 자를 색출하지 않으셨으니, 어떻게 상하 관계가 유지되며 남녀의 예의가 바로잡히겠습니까?"

장왕이 말했다.

"이 일은 여자가 알 바 아니다. 옛날 군신이 술자리를 같이 할 때는 술은 석 잔에 불과했으며, 낮에는 열고 밤에는 벌이지 않았다. 그러나 이번에는 과인이 모든 신하들에게 마음껏 즐기도록 명했고, 낮에 이어 밤까지 불을 밝혀 즐기도록 했다. 술 취한 뒤의 광태는 인간의 본성이다. 만약 그 자를 찾아내어 벌을 가하면 그대에게도 아름다울 것이 없고, 국사의 마음을 상하게 하여 신하들에게 즐거움을 주지 못할 것이며, 과인이 명한 뜻에도 어긋나지 않겠는가."

그러자 허희는 장왕의 넓은 도량에 탄복했다.

그 후 장왕이 진晉나라와 싸울 때였다. 장왕이 위급할 때마다 한 장군이 목숨을 내던지고 달려와 장왕을 구하곤 했다. 장왕이 의아하여 그 장군을 불렀다. 알고 보니 그 사람은 허희에게 관끈을 끊겼던 바로 그 장군이었다.

장왕은 손색없는 '패왕'급 인물이다. 그는 이렇게 관대하게 부하들을 대하면서 인심을 얻었다. 장왕이 도량이 넓었다기보다는 사람을 부릴 줄 알았다고 하는 편이 타당할 것이다. 미인은 다시 얻을 수 있지만 장수는 쉽게 얻기가 어렵다는 것을 잘 알고 있었던 것이다.

허희가 자신을 희롱한 자를 찾아내도록 했으나, 오히려 장왕은 기지를 발휘해 사건을 확대시키지 않았던 것이다. 그 결과 자기를 위해 기꺼이 목숨을 바칠 수 있는 장수 하나를 얻었다.

다른 사람의 장점을 받아들이려고 하면서도 단점은 아무리 작은 것이라고 해도 용인하지 않으려 한다. 이것은 매우 나쁜 처사다. 다른 사람의 단점을 받아들이지 못하는 것은 장점도 받아들일 수 없다는 것의 의미한다. 그것은 결국 자신의 도량이 작다는 것을 드러내는 것이다.

도량이 넓고 대범한 사람은 언제나 많은 사람에게 존경과 사랑을 받는 법이다.

며느리 감을 빼앗게 해 임금을 미혹시킨 비무기

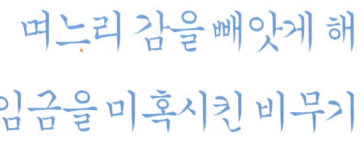

초나라 평왕은 태자 건을 위해 오사를 태부로, 비무기를 소부로 삼았다. 그러나 비무기는 태자 건을 정성껏 섬기지 않았다.

평왕은 비무기에게 진나라로 가서 태자 빈을 맞이해 오도록 명했다. 비무기는 진나라 공주가 미인임을 알고 말을 돌려 와서는 평왕에게 이렇게 보고했다.

"진나라 공주는 빼어난 미인이니 왕께서 직접 진나라 공주를 왕비로 맞이하시고 태자에게는 다른 아내를 얻어 주십시오."

그러자 평왕은 진나라 공주를 자신의 아내로 삼고, 그녀를 끔찍이 총애하여 아들 진을 낳았다. 그리고 태자에게는 다른 아내를 맞아 주었다.

비무기는 진나라 공주의 일로 평왕의 환심을 사게 되자 태자를 버리고 평왕을 섬겼다. 그는 하루아침에 평왕이 죽고 태자가 임금이 되면 자기 목숨이 위험해질까 봐 두려운 나머지 태자 건을 헐뜯기 시작하였다.

건의 어머니는 채나라 사람으로 평왕의 총애를 받지 못하였다. 평왕은 건을 차츰 멀리하더니 끝내는 성보읍의 수장으로 삼아 변바을 지키도록 하였다.

그로부터 얼마 뒤에 비무기는 또 밤낮으로 왕에게 태자의 허물을 말하기 시작했다.

"태자는 진나라 공주의 일로 원한을 품고 있을 것입니다. 왕께서는 모쪼록 스스로 경계하십시오. 태자는 성보읍에 머문 뒤에 군대를 거느리고 밖으로 제후들과 사귀어 앞으로 도성으로 쳐들어 와 반란을 일으키려고 합니다."

평왕은 태자의 태부 오사를 불러 캐물었다. 오사는 비무기가 평왕에게 태자를 헐뜯은 것을 알고 있으므로 이렇게 말했다.

"왕께서는 어찌 참소를 일삼는 하찮은 신하 때문에 골육 같은 자식을 멀리하려고 하십니까?"

그러자 비무기가 말했다.

"왕께서 지금 그들을 제거하지 못하면 반란이 일어나 왕께서는 사로잡히게 될 것입니다."

이 말을 듣고 화가 난 평왕은 오사를 옥에 가두고 성보읍에 사마 분양을 보내 태자를 죽이도록 하였다. 분양은 성보읍에 이르기 전에 미리 태자에게 사람을 보내 이 일을 알렸다.

"태자께서는 빨리 달아나십시오. 그렇게 하지 않으면 죽게 될 것입니다."

태자 건은 송나라로 달아났다.

비무기는 모략은 태자에게만 그치지 않고 태자를 편들고 나선 오사에게 향했다.

비무기는 평왕에게 이렇게 말했다.

"오사의 두 아들은 모두 현명하므로 지금 없애지 않으면 초나라의 골칫거리가 될 것입니다. 그 아버지를 인질로 잡고 그들을 불러들이십시오. 그렇게 하지 않으면 앞으로 초나라의 화근이 될 것입니다."

평왕은 오사에게 사신을 보내 말했다.

"네 두 아들을 불러들이면 살려 주겠지만 그렇게 하지 않으면 죽일 것이다."

그러자 오사는 이렇게 말했다.

"큰 아들 상은 사람됨이 어질어 내가 부르면 틀림없이 올 것입니다. 그러나 작은 아들 운은 사람됨이 고집스럽고 굴욕을 견딜 수 있어 큰일을 해낼 것입니다. 그는 이곳으로 오면 아버지와 자식이 함께 사로잡힐 줄 알고 틀림없이 오지 않을 것입니다."

평왕은 그의 말을 듣지 않고 사람을 보내 오사의 두 아들에게 다음과 같이 말했다.

"너희가 오면 네 아버지를 살려 주겠지만 오지 않으면 당장 죽여 버리겠다."

오상이 아버지가 있는 곳으로 가려고 하자 오운이 말했다.

"초나라에서 우리 형제를 부르는 것은 아버지를 살려 주려고 해서가 아닙니다. 도망치는 자가 있으면 뒷날의 근심거리가 될까 봐 두려워하여 아버지를 볼모로 잡고 거짓으로 우리 형제를 부르는 것입니다. 우리 형제가 그곳에 가면 아버지와 자식이 모두 죽게 됩니다. 그것이 아버지의 죽음에 무슨 보탬이 되겠습니까? 그곳으로 간다면 원수를 갚을 길조차 사라지게 됩니다. 차라리 다른 나라로 달아났다가 병력을 빌려 아버지의 원수를 갚는 것이 낫습니다. 함께 죽는다 해도 아무런 의미가 없습니다."

그러자 오상이 말했다.

"나 역시 그곳으로 가더라도 끝내 아버지의 목숨을 구할 수 없다는 것을 안다. 그러나 아버지께서 살기 위해서 나를 부르셨는데 가지 않았다가 나중에 원수도 갚지 못하면 사람들의 웃음거리가 될 것이다. 나는 그것이 싫어서 가려고 한다."

그러고는 오운에게 또 말했다.

"너는 달아나거라. 너는 아버지와 형을 죽인 원수를 갚을 수 있을 것이다. 나는 아버지가 계신 곳으로 가 죽음을 맞이하겠다."

이렇게 해서 오상이 스스로 앞으로 나가 붙잡히자, 사자는 오자서마저 붙잡으려고 했다. 그러나 오자서가 활을 당겨 사자를 겨누었으므로 사자는 감히 달려들지 못하였다. 오자서는 태자 건이 있는 송나라로 도망쳐 그를 섬겼다. 오사는 오자서가 달아났다는 말을 듣고 이렇게 말했다.

"초나라 군주와 신하들은 머지않아 전란으로 어려움을 겪을 것이다."

오상이 초나라에 도착하자, 초나라에서는 오사와 오상을 모두 죽였다.

오자서는 태자 건을 찾아 송나라로 갔다가 다시 정나라로 갔다. 그 곳에서도 발을 붙일 수 없자 오나라로 갔다. 당시 오나라는 요僚가 집권하고 있었고, 공자 광이 장군으로 있었다. 오자서는 공자 광과 사귀었고, 그가 왕위를 넘보고 있음을 짐작하고 자객 전제를 공자 광에게 소개했다.

이즈음 초나라에서는 평왕이 죽고 진나라 공주가 낳은 소왕 진이 즉위했다. 오나라 왕은 초나라의 국상을 틈타 공자 촉용과 갑여에게 대군을 주어 초나라를 습격하게 했다. 두 공자가 초나라 군대에게 보급로가 차단되어 곤란을 겪고 있을 때, 공자 광은 나라 안이 텅 빈 틈을 노려 자객 전제를 시켜 오나라 왕을 시해하고 왕위를 차지했다. 이 사람이 바로 오나라 왕 합려다. 합려는 왕위에 오르자 오자서를 국정에 참여하게 했다. 초나라를 공격했던 두 공자는 합려가 왕을 시해했다는 소식을 듣고 초나라에 투항하고 말았다.

합려가 왕위에 오른 지 6년, 초나라 소왕은 대군을 동원하여 오나라를 공격했다. 몇 차례 오나라의 침공을 받은 데 대한 보복이었다. 합려는 부형의 복수심으로 불타고 있는 오자서를 내세워 초나라 군대를 대파했고 비무기는 사로잡아 원수를 갚았다. 9년에 오나라 군대는 초나라 수도 영에 입성했다.

초나라 평왕은 어리석기 짝이 없는 인물이었다. 그의 가장 큰 어리석음은 간교한 신하 비무기를 총애하고 신임한 것이다. 평왕과 비무기는 됨됨이가 서로 같아 한 통속이 되었던 인물들이다.

평왕이 처음부터 며느리가 될 여자를 차지하려고 생각했던 것은 아니었다. 비무기의 아첨에 인륜에 어긋난 생각이 들었던 것이다. 이렇게 보면 비무기가 주범이라고 할 수 있을 것이다.

소인배는 무엇보다도 개인의 이익을 우선시한다. 사리사욕을 도모하기 위해 그들은 전체와 타인의 이익은 돌보지 않는다.

사람들이 소인배를 증오하는 것은 그들이 즐겨하는 간교함 때문이다. 모함 역시 소인배들의 특기라고 할 수 있다. 따라서 그들의 공격 목표는 언제나 탁월한 성과를 이룬 인물들이다. 그래서 사람들은 "현명한 신하를 가까이 하고 소인배를 멀리하라"는 명언을 새긴다.

자신의 재주를 믿었다가 죽임을 당한 양수

삼국시대 조조의 휘하에는 양수라는 사람이 있었다. 그는 민첩한데다 총명함을 타고난 인물이었다.

조조가 촉나라를 토벌할 때였다. 제갈량이 계책을 써서 한중을 차지하는 바람에 조조는 사곡으로 퇴각하지 않을 수 없었다. 군사를 주둔시킨 지가 오래 되자 조조는 진군하려고 했다. 그러나 촉나라의 마초에게 길이 막히고 말았다. 그렇다고 군사를 퇴각시키자니 촉나라 군사들의 비웃음을 사기라도 할까 봐 진퇴양난이었다.

그때 요리사가 닭죽을 들여왔다. 조조가 보니 그릇에는 계륵, 즉 닭갈비 한 조각이 떠 있었다. 계륵을 보면서 조조는 생각에 잠겼다. 그런 중에 하후돈이 들어와 오늘 밤 암호를 무엇으로 하느냐고 물었다. 조조는 아무런 생각없이 '계륵'이라고 대답했다. 그래서 하후돈은 여러 군관들에게 오늘 밤 암호가 계륵이라고 전했다.

이 말을 전해들은 양수는 군사들에게 짐을 싸고 돌아갈 준비를 하라고 말했다. 어떤 군사가 이 일을 하후돈에게 보고했다. 깜짝 놀란 하후돈이 양수에게 찾아와 영문을 물었다.

"대인은 어찌하여 부하들에게 돌아갈 준비를 하라고 말했소?"

양수가 대답했다.

"오늘 밤 암호에서 철수를 하려는 왕의 뜻을 알 수 있습니다. 생각해 보십시오. 계륵은 먹으려 해도 먹을 게 없고 버리자니 아까운 것입니다. 지금 출병을 해도 이길 수 없고 또 그대로 있어 보았자 득이 될 게 없습니다. 그러니 일찍 돌아가느니만 못하지요. 며칠 후면 왕께서는 반드시 군사를 이끌고 돌아가실 것입니다. 그러니 일찍 짐을 꾸려 두라고 한 것이지요."

하후돈의 무릎을 치면서 말했다.

"과연 대인은 왕의 심사까지 꿰뚫어보고 있소이다. 정말 대단하오!"

그래서 하후돈도 짐을 꾸리기 시작했다. 그에 따라 여러 장군들도 서둘러 퇴각할 준비를 했다.

그날 밤 군영을 순시하던 조조가 하후돈의 군영에서 군사들이

짐을 꾸리는 것을 보았다. 깜짝 놀란 조조는 하후돈을 불러 영문을 물었다.

"양수가 왕의 의도를 파악하고 있었습니다."

조조는 양수를 불러 물었다. 양수는 '계륵'이라는 말에서 암시를 받았다고 말했다.

그러자 조조가 대노했다.

"너는 어찌하여 요사스런 말을 날조하여 군심을 어지럽히느냐?"

말을 마치기가 무섭게 조조는 사형집행인을 불러 양수의 목을 잘라 그 수급을 원문 밖에 걸어 군사들에게 보이라고 명했다.

이렇듯 양수가 죽임을 당한 것은 우연한 일이 아니었다. 자신의 재능만을 믿고 함부로 행동했던 그는 여러 차례 조조의 심기를 건드렸던 것이다.

언젠가는 조조가 화원을 만들라고 분부한 적이 있었다. 화원이 완공되자 조조가 와서 보더니 말도 없이 문에다 '활活'이라는 글자만 써 놓고는 돌아갔다. 아무도 이런 조조의 의중을 헤아리지 못했다.

그때 양수가 말했다.

"문門 자 안에 활活 자가 있으면 활闊이 됩니다. 승상께서는 화원의 문이 너무 크다고 탓하신 것입니다."

그래서 문을 고쳤다. 그런 다음 다시 조조를 청했다. 조조가 와서 보고는 매우 기뻐하며 물었다.

"누가 내 뜻을 알아차린 것인가?"

사람들이 대답했다.

"양수이옵니다."

그 말을 듣고 조조는 겉으로는 양수를 칭찬하면서도 속으로는 몹시 질투했다.

또 어느 날에는 군영 북쪽에 있는 사람이 유지 한 봉지를 보내왔다. 조조는 그 봉투에다가 '일합수'라는 세 글자를 써서 책상에 놓았다. 그 글을 본 양수는 숟가락을 가져다가 여러 사람과 함께 나누어 먹었다.

조조가 "왜 먹었느냐?"며 물었다.

양수가 대답했다.

"승상께서 일합수라고 쓰셨으니, 한 사람이 한 입씩 유지를 먹으라는 뜻이 아닙니까? 그래서 승상의 분부를 어길 수 없어 여러 사람들과 함께 한 숟가락씩 나누어 먹었습니다."

조조가 듣고 웃었다. 그러나 속으로는 그렇지 않았다.

조조는 본시 의심이 많은 인물이었다. 누가 자기를 암살할까 늘 걱정하던 그는 이렇게 말한 적이 있다.

"나는 꿈에서 늘 사람을 죽이오. 그러니 내가 잠잘 때에는 절대 내 곁에 가까이 오지 마시오."

어느 날 조조는 군막에서 낮잠을 잤다. 한 시종이 바닥에 떨어진 이불을 집어서 다시 덮어 주려고 했다. 조조는 비상한 경각심을 지니고 있었다. 조조는 시종이 자기를 죽이려고 하는 줄 알고 칼을 뽑아 그를 죽였다. 그리고는 다시 침상으로 가 잠을 잤다. 잠을 다 자고 일어난 조조는 놀라움을 금치 못하겠다는 듯한 표정을 지으며 물었다.

"누가 내 시종을 죽였느냐?"사람들이 정황을 말해 주자 조조는 통곡을 하더니 후히 장례를 지내주라고 분부했다. 사람들은 실제로 조조가 꿈속에서 살인을 한 것으로만 알았다. 양수만이 사건의 진상을 알고 탄식을 금치 못했다.

"승상이 꿈속에 있는 게 아니라 우리가 꿈속에 있구나!"

조조의 셋째아들 조식은 글재주가 있었다. 조식과 양수는 서로 아끼고 동정하는 사이였다. 조식은 이따금 양수를 불러 밤을 새워가면서 얘기를 나누었다.

조조는 조식을 사랑했다. 그래서 휘하의 대신들과 상의를 하여 조식을 세자로 책봉하려고 생각했다. 조조의 큰아들 조비가 이 사실을 알고 오질을 불러 상의했다. 그런데 이를 다른 사람들이 알까 봐 큰 광주리에 오질을 숨겨 들여왔다. 양수가 이를 알고 조조에게 알렸다. 조조는 조비의 관저에 가서 조사를 하도록 사람을 보냈다.

조비가 이것을 알고 오질에게 말하니 오질이 대답했다.

"괜찮습니다. 내일은 광주리에 비단을 담아서 들여오십시오. 그러면 그들은 의심하지 않을 것입니다."

조비는 그의 말대로 했다. 광주리에 비단을 담아서 들여오는데 사람들이 검사를 했다. 광주리에 담긴 것은 과연 비단이었다. 그래서 사람들은 이 사실을 조조에게 보고했다. 그래서 조조는 양수가 조비를 음해한다고 생각하여 더욱 양수를 미워했다.

어쨌든 조조는 조식을 후계자로 할 것인지 아니면 조비로 할 것인지 좀처럼 결정을 하지 못하고 있었다. 그래서 조조는 조식과 조비의 재주를 시험할 한 가지 방법을 생각했다. 어느 날 조조는 조비와 조식에게 성 밖에서 만나자고 했다. 그리고는 비밀리에 부하들에게 두 아들을 성 밖으로 나가지 못하도록 막으라고 지시했다. 조비가 먼저 성문에 도착했다. 그러나 문을 지키고 있던 병사들이 제지하고 나섰다. 조비는 하는 수 없이 돌아가고 말았다. 이 소식을 들은 조식은 급히 양수를 불러 상의했다.

양수가 말했다.

"왕의 분부를 받고 나가는 것이니 막는 자가 있으면 죽이고 나가십시오."

조식은 그의 말을 따르기로 했다. 조식이 성문에 이르니 과연 병사가 그의 앞을 막아서면서 제지하는 것이었다. 그러자 조식이 대노했다.

"왕의 분부를 받고 나가는데 감히 어느 놈이 앞을 막아선단 말이더냐?"

말을 마친 그는 병사를 죽이고 성 밖으로 나가 조조를 만났다. 그러자 조조는 조식의 재주가 낫다고 생각했다.

그런데 뒤에 있던 어떤 사람이 조조에게 말했다.

"그것은 양수가 가르쳐 준 것입니다."

이 말을 듣고 조조는 크게 노했을 뿐 아니라 조식을 미워하게 되었다.

양수는 또 조식에게 조조의 물음에 대답하도록 꼼꼼하게 조목별로 적어 주었다. 그래서 조식은 조조가 군사와 나라의 대사에 대해 물을 때마다 거침없이 대답을 할 수 있었다. 이것을 본 조조는 조식에게 의심을 품게 되었다. 뒤에 조비가 조식의 부하를 매수하여 양수가 조식에게 적어준 것을 훔쳐 조조에게 바쳤다.

조조는 이것을 보고 대노했다.

"이 놈이 이제 나까지 기만하려 드는구나."

그때부터 조조는 양수를 죽이려고 생각했던 것이다.

조조는 마침 그 기회를 찾았다. 그래서 군심을 혼란케 하다는 죄목을 씌워 양수를 죽였던 것이다. 그때 양수의 나이가 겨우 서른네 살에 불과했다.

물이 가득 담긴 주전자에서는 소리가 나지 않고 물이 반 정도 담긴 주전자에서는 소리가 요란한 법이다.

양수를 물이 반 정도 담긴 주전자라고 할 수는 없다. 총명하고 기민했던 그였으니 물이 가득 담긴 주전자라고 해야 마땅할 것이다. 하지만 그에게는 늘 출렁거리는 물소리가 들렸다. 그것은 아마 누가 두드려서 나는 소리였을 것이다. 울리는 소리가 클수록 두드리는 힘은 점점 커진다. 소리가 멈추었을 때는 이미 주전자가 망가진 뒤였다.

사람들이 조조가 지나치게 뛰어난 인재한테는 질투하는 인간이라고 욕하는데 과히 틀린 말은 아니다. 하지만 양수는 지나치게 오만하고 방자했다. 양수는 매우 총명하면서도 총명하지 않은 인물이었다. 총명한 그는 자신의 총명함을 수렴할 줄 몰랐다.

양수는 지나치게 조조의 마음을 읽어 오히려 조조의 미움을 산 것이다.

침착함과 냉정함으로 오배를 제거한 강희제

청나라 순치제는 죽으면서 셋째아들 현엽에게 황위를 계승하도록 하라는 유지를 남겼는데 그가 바로 강희제다. 동시에 오배 등 네 대신에게 이제 여덟 살밖에 되지 않는 강희제를 보필하도록 분부했다.

이 네 대신은 성이 다른 공신들이었다. 청나라 건립에 혁혁한 공을 세운 인물들이었다. 네 대신 중에서 색니가 가장 원로였지만 연로한 그는 병이 많아 정사에 관여하지 않았다. 알필륭은 성격이 유약해서 큰일에 부딪치면 입을 봉한 채 말이 없었다. 그런가하면 소극살합은 세력이 약했다.

그러나 오배는 야심이 큰 인물이었다. 무예가 뛰어난 그는 많은 도당을 키우면서 도처에 자기의 심복을 심었다. 그는 국사를 자기 집에서 심복들과 상의를 한 뒤에 결정하고 시행했다. 어린 황제를 보좌하는 다른 대신들은 안중에 두지 않은 채 독단과 전횡을 일삼았다. 강희제 앞에서도 허세를 부림은 물론 제멋대로 조서를 꾸며 충신들을 죽였다. 그는 또 대신들이 황제에게 상소를 올리지 못하도록 막고 군신관계를 끊어 권력을 독단했다.

그런 가운데 강희제가 열네 살이 되던 해부터는 친정을 하기 시작했다.

그때 색니는 이미 이 세상 사람이 아니었다. 그런 가운데 소극살합은 "이제 황제가 직접 정무를 관장하는 만큼 권신들은 자리에서 물러나 선제의 능을 지켜야 한다"고 제의했다. 이 말은 권력을 내놓지 않으려는 오배를 자극했다. 오배는 소극살합이 "선제를 배반했다"느니 "어린 황제를 능멸했다"느니 하며 소극살합에게 20여 가지 죄명을 씌웠다. 그리고는 강희제에게 압력을 가해 그를 죽이도록 했다. 그래서 보정대신 넷 가운데 오배와 알필륭만이 남게 되었다. 하지만 성격이 유약한 알필륭은 오배의 적수가 아니었다. 그는 결국 오배와 한 통속이 되고 말았다.

강희제가 친정을 하기 시작했지만 조정의 실권은 여전히 오배의 수중에 있었고 거의 모든 대소신려는 오배의 심복들뿐이었다.

그런 만큼 오배는 강희제를 꼭두각시에 불과하게 생각했다. 따라서 강희제에게는 오배를 제거하고 황권을 강화하는 것이 첫 번째 과제였다. 하지만 강희제는 경거망동하지 않고 때를 기다렸다.

그러던 어느 날 오배가 병을 핑계 삼아 궁에 나오지 않았다. 강희제는 몸소 그의 집으로 병문안을 갔다. 오배의 침실에 들어서자 오배의 수상한 거동을 눈치 챈 황제의 시위들이 급히 오배의 침상으로 다가가 침상을 뒤졌다. 시위들은 침사의 돗자리 밑에서 비수를 발견했다. 청나라 조정의 법에는 신하가 황제를 접견할 때는 어떤 무기도 소지해서는 안 되었다. 그렇지 않으면 반역 행위로 간주하였다. 그래서 시위들은 오배에게 다가가 그를 체포하려 했다. 그러나 강희제가 시위를 막아서면서 아무런 일도 없었다는 듯이 웃으면서 말했다.

“비수를 지니고 다니는 것은 우리 만주족의 오랜 풍속이다. 이것은 놀랄 일이 아니다.”

그러면서 강희제는 오배에게 몇 마디 위로의 말을 건네고 돌아갔다.

강희제가 나이를 먹어가고 또 만주족 통치자들 가운데 새로운 세력이 등장하여 강희제 주위에 모여들었으니 색니의 아들 색액도와 명주가 그들이었다. 이들은 강희제의 심복이 되었다.

강희제는 바둑을 두겠다며 핑계를 들어 색액도를 궁으로 불러

들여 두 사람은 며칠 동안 함께 지냈다. 심복으로 하여금 경사위술권을 장악하도록 한 그들은 황제와 함께 무예를 연마하고, 오락을 즐긴다는 명목으로 팔기의 자제들 가운데서 몸이 건장하고 용맹한 소년들을 소년시위로 선발하여 입궁시켜 격투기와 씨름을 연마하도록 했다.

또한 그들은 오배의 의심을 사지 않도록 주의하였다. 오배가 입궁을 하면 그 앞에서 스스럼없이 격투를 벌이도록 하는 한편 강희제가 직접 그들 사이에 끼여 그들과 장난을 치며 놀았다. 그러자 오배는 착각을 하게 되었다. 즉 오배는 강희제가 노는 데에만 열중하고 조정의 일에는 무관심한 철부지로만 생각하게 된 것이다.

어느 날 강희제가 측근과 시위를 불러 물었다.

"너희들은 짐이 두려우냐 아니면 오배가 두려우냐?"

그러자 모두가 이구동성으로 대답했다.

"폐하가 두렵습니다."

대답을 들은 강희제는 이제 자신의 위신이 확립되었거니와 오배를 제거할 시기가 되었다고 생각했다.

그러던 어느 날 강희제는 오배에게 의논할 일이 있다고 하면서 궁으로 불러 들였다. 오배가 입궁해서 강희제에게 배례를 하려는데 갑자기 10여 명의 시위가 나타나더니 그를 억압했다. 하지만 오배도 만만치 않았다. 격노한 그가 강희제에게 따져 물었다.

"폐하, 어쩌자고 이러시는 것입니까?"

그러면서 달려드는 시위를 제압하고는 빠져 나와 강희제를 덮치려고 하였다. 하지만 강희제는 얼굴색 하나 변하지 않고 미소를 머금은 채 말했다.

"대장군은 과연 조금도 손색없는 만주족 제일의 용사이십니다. 세상 물정 모르는 놈들이 대장군과 감히 무예를 겨루려고 하다니요. 대장군께서는 녀석들에게 한 수 지도해 주시기 바랍니다. 무예라는 것이 어떤 것이지 그들에게 보여주세요. 하지만 놈들이 아직 미약한 만큼 사정을 좀 봐 주시지요!"

이 말을 듣자 오배는 강희제를 비롯한 소년들의 장난으로 생각했다.

그래서 그는 손과 발의 힘을 늦추면서 소년들과 한바탕 놀아보려 했다. 그런데 시위들은 장난을 하려고만 하지 않았다. 오배가 힘을 늦추자 그들이 다시 공격해 왔다. 그들은 칼로 찌르기도 하고 밧줄로 묶기도 했다. 오배는 갑자기 참기 어려운 통증을 느꼈다. 칼에 찔린 것이었다. 그제야 오배는 장난이 아닌 줄 알고 반격하려고 했으나 이미 밧줄에 묶인 뒤였다.

그러자 강희제는 이미 준비되어 있는 조서를 꺼내 그의 죄상을 열거했다. 그러면서 오배를 종신 연금에 처한다고 하였다.

동시에 오배의 도당을 체포했고 한편으로 오배에게 박해를 받던 관리들이 누명도 벗겨 주었다.

열여섯 살밖에 되지 않은 강희제는 친정을 하기 시작한 지 2년도 되지 않아 오배의 수중에 있던 권력을 빼앗았다. 이로써 강희제는 태평성세의 문을 열 수 있었다.

침착함과 냉정함이 있었기에 강희제는 오배를 제거할 수 있었다.

시위들이 오배의 비수를 발견했을 때 강희제는 짐짓 태연한 기색을 지어 보이면서 아랑곳하지 않았다. 아직 오배를 이길 수 없음을 잘 알고 있었기 때문이었다. 그래서 오배는 더욱 강희제를 얕잡아보게 되었고, 강희제는 좀 더 큰 힘을 기를 수 있었던 것이다.

10여 명의 시위가 그를 나포하려고 할 때 오배는 온 힘을 다해 사지에서 벗어나려고 했다. 그때도 침착하고 냉정한 강희제의 말 몇 마디가 오배의 의심을 풀게 만들었다. 그래서 시위들은 어렵지 않게 오배를 나포할 수 있었다. 열여섯 살밖에 되지 않은 소년이 그렇게 할 수 있었다는 것은 놀라운 일이 아닐 수 없다. 그런 강희제였기 때문에 61년 동안 치세를 누릴 수 있었던 것이다.

소인배를 잘못 믿었다가 옥에 갇힌 광서제

청나라 말기 정치는 부패하고 열강이 침략해 왔다. 많은 전쟁에서 패한 청나라 조정은 끊임없이 영토를 떼어주고 손해를 배상해야만 했다. 중국 땅 어디를 가더라도 눈에 보이는 것은 백성의 재난과 고통뿐이었다.

그때 서양 사상의 영향을 받았던 광서제는 변법으로 나라를 중흥시키려는 뜻을 세웠다. 그런데 이것이 보수파의 기득권을 건드리게 되어 조정은 제당과 후당이 대치하는 국면이 전개되었다. 제당은 광서제의 스승이었던 옹동화가 우두머리였고, 후당은 이홍조가 수반이었는데 대부분 관료 출신들이었다.

광서제는 옹동화와 강유위 같은 인물을 신임하는 한편 보수파인 문제를 파직시켰다. 그러나 서태후는 옹동화를 핍박해서 사직하게 함으로써 광서제의 오른팔을 제거했다. 잇달아 서태후는 영록을 직예총독으로 임명하여 실제적으로 병권을 관장하도록 했다.

젊은 광서제는 연속해서 유신조서를 공표하면서 과거를 폐지하고 학교를 세우도록 했다. 광서제는 서태후 앞에서 회탑포가 유신파를 비방했다는 말을 듣고는 일부 보수파의 관리를 파직시키라는 영을 내렸다. 이래서 두 파간의 투쟁은 갈수록 불꽃을 튀기게 되었다.

하루는 어떤 사람이 유신을 하자면 반드시 태감을 없애야 한다고 진언했다. 태감은 중국 봉건사회의 특수한 제도로 인성을 극도로 짓밟는 제도였다. 태감을 폐지하는 것은 의심할 것도 없이 진보적인 것이었다. 하지만 이런 주장은 태감촌감인 이연영을 건드렸다. 이연영을 미워하던 광서제는 이번 기회에 그를 제거하려고 했다.

그러자 이연영은 서태후에게 도움을 청할 수밖에 없었다. 서태후는 이연영을 자기의 심복으로 간주하고 있었다. 그녀는 광서제가 자기까지 유신을 하려고 든다면서 노발대발했다. 그리고 이연영과 함께 비밀리에 계책을 세우고 그것을 영록에게 전달했다. 밀서를 받은 영록은 즉시 광서제에게 상소를 올려 서태후를 대동하여 9월 5일에 있을 천진의 열병식에 참석해 달라고 요청했다.

상소를 받은 광서제는 망설이다가 서태후에게 이 같은 사실을 알렸다. 서태후는 일이 자기의 뜻대로 되고 있음을 알고 기뻐하면서 열병식에 참석하겠다고 성지를 내리라고 말했다.

광서제는 서태후의 분부대로 하면서도 마음이 썩 내키지 않았다. 그래서 유신파 인사들을 불러 상의를 했다.

강유위가 말했다.

"이번 열병식은 불길합니다."

광서제는 그들로 하여금 대책을 논의한 뒤에 보고를 하라고 분부했다.

강유위 등은 화근을 제거할 방책을 세웠다. 먼저 천진에서 영록을 죽인 다음 육군 만 명을 황도에 입성시켜 이화원을 포위하여 서태후를 사로잡아 연금시키자는 것이었다. 계책이 완성되자 강유위가 입궁을 해서 광서제에게 이를 알렸다. 광서제가 주저하자 강유위는 먼저 천진의 일을 처리한 뒤에 서태후의 일을 다시 논의하기로 했다.

강유위로부터 보고를 받은 광서제는 며칠 동안 생각에 생각을 거듭했다. 병권이 영록의 수중에 집중되어 있기 때문에 경거망동하다가는 역습을 받을 수도 있었다. 대담하고 세심한 인물이 나서서 영록의 병권을 빼앗지 않으면 성사되기 어려웠다. 그렇지만 황제는 이 일을 해낼 만한 인물을 찾지 못하고 있었다.

그때 직예제찰사 원세개가 찾아왔다. 광서제는 원세개가 담대한데다 용맹하다는 말을 들은 적이 있었다. 원세개를 만난 광서제는 먼저 자신의 새로운 정치가 어떠냐고 물었다. 그러자 원세개는 입에 침이 마르도록 격찬을 하는 것이었다. 황제는 매우 기뻐하면서 다시 물었다.

"경에게 군권을 맡기면 과인에게 충성하겠소?"

그러자 원세개가 절을 하면서 대답했다.

"신은 목숨을 다해 황은에 보답할 것입니다. 신이 목숨이 붙어 있는 한 절대 두 마음을 먹지 않을 것입니다."

이 말에 광서제는 만족해했다.

이튿날 광서제는 성지를 내려 원세개를 시랑으로 승진시키는 동시에 군사훈련을 총괄하게 했다.

한편 서태후는 자기의 심복을 궁궐 곳곳에 심어놓고 있었다. 강유위가 입궁해서 황제를 배알한 일은 일찍부터 알고 있었지만 구체적인 내용은 모르고 있었다. 또 서태후는 황제가 원세개를 승진시킨 데 대해서도 의심을 품고 있었다.

당시 서태후는 종2품 이상의 관직을 받는 사람은 반드시 서태후에게 감사의 말씀을 드려야 한다는 성지를 내리도록 한 일이 있었다. 시랑은 종2품 관직이었다. 원세개도 예외가 될 수 없었다. 그는 직접 이화원으로 찾아가 서태후에게 감사의 말씀을 드렸다. 서태후는 광서제가 뭐라고 했는지에 대해 자세하게 물었다. 원세개는 그대로 대답했다.

서태후가 말했다.

"군은 정돈되어야 마땅하겠지요. 하지만 황제께서 너무 서두르시는 것 같지 않소? 난 황제가 다른 뜻을 품고 있다고 의심하고 있는데 경도 조심해야 할 것이오."

원세개는 서태후에게 절대 복종하겠노라고 대답했다.

8월 5일이 되자 원세개는 천진에 가서 군사훈련을 시키겠다고 했다. 건천궁에서 그를 접견한 광서제는 강유위를 비롯한 사람들과의 밀약을 말해 주었다. 광서제는 원세개에게 천진에 도착하면 영록을 죽인 다음 군사를 거느리고 황도에 와서 서태후를 사로잡으라고 분부했다. 원세개는 두말없이 쾌히 승낙했다. 떠나기 전에 광서제는 그에게 작은 활 하나를 주면서 일이 성사되면 그를 직예총독으로 승진시킬 것이며 그것을 증거물로 삼겠노라고 했다. 광서제는 원세개를 적임자로 생각하면서 이번 일이 성사될 것임을 굳게 믿었다.

그런데 어찌된 일인지 영록이 그날 오후 북경으로 달려왔다. 그날 서태후는 이화원에서 잠신에게 제사를 지내고 서원에 와 있었다. 청나라 관례에 의하면 조서를 받지 못한 외성의 관원들은 입궁

할 수가 없었다. 하지만 영록은 직접 서원으로 가 태후를 만나려고 하였다. 하지만 문지기가 막아서면서 그를 들여보내지 않았다. 영록은 애걸하다시피 간청했다.

"긴급한 기밀사항이 있는 만큼 반드시 태후를 뵈어야만 하네. 어서 태후에게 인도하게."

이 문지기 역시 서태후의 심복인데다 영록과 서태후가 친척 사이임을 알고 있었다. 문지기가 그를 서태후에게 인도했다. 서태후 앞에 이르자 영록은 머리를 조아리면서 자기의 목숨을 구해달라고 간청했다.

서태후가 말했다.

"자금성에 무슨 변고라도 생겼단 말이냐? 목숨을 구해 달라고 하게? 그리고 궁전이 피난처라도 된다는 말인가? 왜 함부로 들락거리는 건가?"

영록은 좌우를 물리치게 한 뒤 광서제의 밀모를 서태후에게 상세하게 보고했다.

서태후가 물었다.

"그것이 사실이란 말이더냐?"

영록은 작은 활 하나를 꺼내 증거물로 내놓았다.

대노한 서태후가 후당의 인사들을 불러 모았다. 서태후는 일의 전모를 공개한 뒤에 몸소 정사를 관장하여 역적을 제거하겠다고 말했다. 후당파는 그런 서태후를 열렬히 옹호했다. 서태후가 군사를 거느리고 입성하라고 분부하니 영록은 "수천 군사를 거느리고 왔는데 곧 입성할 것"이라고 보고했다. 서태후는 영록에게 군사를 거느리고 자금성을 장악하는 한편 강유위를 비롯한 제당파 인사들을 체포하라는 명령을 내렸다.

이튿날인 8월 6일 새벽 광서제가 태화전에서 예부에서 올린 상소들을 보고 있는데 내궁태감이 태후의 친서를 가지고 왔다. 황제에게 서원으로 오라는 내용이었다. 광서제는 일이 잘못되었음을 직감하고 강유위에게 속히 북경을 떠나라는 분부를 내렸다.

그는 불길한 예감을 안고 서원으로 갔다. 서원에 들어서자 과연 이연영이 한 무리의 태감을 거느리고 와서 작은 배에 오르라고 협박했다. 배가 영대에 닿았다. 영대는 서원호의 작은 섬으로 사면이 물이어서 어디로도 통할 수 있는 곳이었다. 그때부터 광서제는 영대에 구금되었고 모든 정사는 서태후의 수중에 떨어지게 되었다. 변법을 실현하지 못한 광서제는 옥살이를 하다가 결국 옥사를 하고 말았다.

유신운동은 백일 동안 지속되다가 실패하고 말았다. 원세개는 그 일로 인해 앞날이 열렸다. 그는 이렇듯 양면작전을 통해 한 걸음 한 걸음씩 권력의 정상을 향해 올라갔다.

광서제는 동정 받을 만한 황제이다. 국난에 부딪쳤을 때 세계의 선진 문명을 받아들여 중국을 발전시키려고 했고, 망국의 황제가 되려고 하지 않았다. 이 점은 사람들을 깊이 탄복하게 한다.

하지만 그는 너무도 미숙했다. 힘이 없었으면서도 서태후와 정면으로 맞섰던 것이다. 그는 시기를 기다리면서 자신의 힘을 키우다가 때가 왔을 때 창을 거꾸로 돌려 상대에게 일격을 가해야했던 것이다. 그는 예사 젊은이들이 늘상 일으키는 무모한 행동을 범하고 말았다.

당시 그의 수중에는 아무것도 없었다. 서태후가 전권을 잡고 원격조종을 하고 있었다. 그도 이런 사실을 알고 있었기 때문에 원세개를 끌어당기려고 했다. 하지만 원세개를 기용한 것이 가장 큰 실패의 원인이었다. 원세개의 본성을 알지도 못하면서 그에게 기밀을 알려주고 중임을 맡긴 것은 경솔한 행동이었다. 따라서 실패할 수밖에 없었던 것이다.

거짓 유지로 황제를 바꾼 환관 조고

진시황이 천하를 순행하던 도중 병을 얻어 도성으로 향하고 있었다. 사구에 이르러 진시황은 정신이 혼미하고 병세가 극도로 악화되어 순행을 멈추게 되었다.

진시황이 곧 죽게 되었음을 안 이사는 후사를 어떻게 할 것인지 진시황에게 물으려고 했다. 그런데 진시황이 자신의 앞날이 얼마 남지 않았음을 느끼고 이사와 조고를 불렀다. 진시황은 그들에게 황위를 장자인 부소에게 전하도록 하기 위해 부소를 함양으로 불러 기다리게 하라고 분부했다.

이사와 조고는 진시황의 뜻에 따라 초고를 작성한 뒤 진시황에게 보여 주었다. 하지만 이미 숨을 거둔 뒤였다. 진시황은 두 눈으로는 유지를 바라보고 있었다. 이사는 진시황이 유서를 보고 있는 줄로만 알고 있었다. 눈치가 빠른 조고가 옥새와 유지를 소맷자락에 넣은 다음 황제가 죽었다고 이사에게 말했다. 깜짝 놀란 이사는 서둘러 후사를 준비하러 가느라 조고에게서 유서를 받을 겨를도 없었다.

이사는 진시황의 사망 소식을 알리면 변란이라도 생길까 염려되었다. 그래서 이 사실을 비밀에 붙인 채 진시황을 수레에 앉혀 살아 있는 것처럼 가장하여 황도로 향했다. 동시에 "부소에게 함양으로 돌아와 즉위를 할 수 있도록 하라"고 조고를 재촉했다.

하지만 조고는 음험한 마음을 품고 있었다. 그는 진시황의 둘째 아들인 호해와 밀접한 관계를 유지하고 있었다.

그가 은밀하게 호해에게 말했다.

"황제께서 붕어하시면서 여러 황자에게는 분봉을 하지 않으셨습니다. 장자에게 황위를 넘겨 주신다고만 하셨을 뿐입니다. 한 치의 땅도 얻지 못하면 어떻게 되는지 생각해 보셨습니까?"

호해가 말했다.

"알고 있습니다. 하지만 부황의 분부를 어길 수야 없지요. 분부를 따라야 할 것입니다."

조고가 불만이 가득한 소리로 말했다.

“그렇게만 생각해서는 안 됩니다. 지금 천하의 대권은 황자님과 승상 이사 그리고 신에게 있습니다. 황자님께서 계책을 세우지 않으면 권력은 다른 사람의 수중에 떨어지게 됩니다. 그렇게 되면 황자님도 다른 사람의 통제 하에 있게 됩니다.”

조고에게서 이런 말을 듣는 호해의 가슴은 심하게 뛰었다. 그는 한동안 생각에 잠겨 있는 듯하더니 탄식하면서 말했다.

“부황께서는 이제 막 붕어하시고 아직 장례도 치르지 못했는데 어찌 승상에게 그런 일을 요구할 수 있겠습니까?

조고가 말했다.

“기회란 순식간에 나타났다가 사라지는 것입니다. 신이 승상을 설득할 터이니 황자님께서는 가만히 계시기만 하면 됩니다.”

말을 마친 조고가 자리에서 일어났다. 호해는 더 만류하지 않았다. 호해와 헤어진 조고는 이사를 찾아갔다.

이사가 물었다.

“선황의 유지를 공포했습니까?”

조고가 대답했다.

“소인이 이렇게 승상을 찾아 뵌 것은 바로 그 일 때문입니다. 선황의 유지가 아직 우리 손에 있고 아직 구체적인 내용을 아는 이는 승상과 소신 외에는 없습니다. 따라서 누가 즉위를 할 것인지는 저희 두 사람에게 달려 있습니다.”

이 말은 들은 이사는 깜짝 놀랐다.

"어찌 그런 말씀을 하십니까? 그것은 모반과 다르지 않습니다."

조고가 말했다.

"승상께서는 놀라지 마십시오. 제가 승상께 다섯 가지만 여쭙겠습니다."

이사가 말했다.

"말씀해 보시오."

조고가 말했다.

"승상께서는 스스로 자문해 보십시오. 승상께서 보여주신 재능을 몽염에 비교할 수 있으십니까? 공적을 그에 비교할 수 있습니까? 다른 사람과의 관계를 그와 비교할 수 있습니까? 모략을 그와 비교할 수 있습니까?"

이사가 말했다.

"저는 확실히 몽염과 비할 수 없습니다. 그런데 왜 새삼스럽게 그런 것을 물으시는 겁니까?"

조고가 말했다.

"저는 궁에서만 20여 년이나 지냈습니다. 그러면서 궁 안에서 벌어지는 권력다툼을 너무도 많이 보았습니다. 20여 년 동안 공신으로 봉지를 받거나 상을 받은 적은 없어도 많은 공신이 가족과 함께 주살당하는 것을 보았습니다. 선황의 장자 부소는 강인하고 용맹

합니다. 그가 황제에 오르면 몽염을 승상으로 삼을 것입니다. 그렇게 되어도 승상께서는 자신을 보전하실 수 있으십니까? 영광스럽게 귀향하실 수 있으리라고 생각하십니까? 과거에 저는 호해 황자에게 글을 가르쳐 준 적이 있습니다. 호해 황자는 성품이 인자한데다 재부를 가벼이 여기고 인재를 중히 여깁니다. 말주변은 없지만 마음속으로는 모든 것을 훤히 꿰뚫고 있습니다. 제가 보기에는 여러 황자들 가운데 그와 비길 만한 사람이 없습니다. 왜 그를 황제로 추대하지 못한단 말입니까? 그렇게 되면 우리는 큰 공을 세우게 되는 것입니다."

이사가 말했다.

"더는 말하지 마십시오. 저는 황제의 유지를 받은 몸입니다. 득과 실, 이익과 손해를 따질 계제가 아닙니다. 저는 보잘것없는 평민이었는데 선황께서 어여삐 여겨 주신 덕분에 이렇듯 고위직에 오를 있었습니다. 어찌 개인의 목숨만 돌보면서 나라의 이익을 외면할 수 있겠습니까? 충신은 죽음을 피하지 않고 효자는 고생을 두려워하지 않는다고 했습니다. 더 이상 그런 말씀 하지 마십시오."

조고는 이사가 겉으로는 강한 것 같지만 속으로는 나약해서 끝까지 버티지 못할 것임을 알았다.

이렇게 생각한 조고는 협박조로 나왔다.

"성인에게는 통상적인 법도가 없고 변하면 통한다고 합니다. 지금 선황의 유지는 이미 호해 황자의 손에 들어가 있습니다. 그러나 천하의 권력과 목숨 역시 황자의 손에 달려 있습니다. 저는 호해 황자의 분부를 받았습니다. 정의를 생각해서 드리는 말씀입니다. 승상께서는 경험이 풍부한 분입니다. 이에 따르는 이해관계에 대해서는 누구보다도 분명하게 아실 줄로 믿습니다."

이사는 탄식하며 말했다.

"전에 진晋나라에서는 태자를 바꾸는 바람에 3대를 불안하게 보내야만 했습니다. 하늘의 뜻을 거역하면 나라의 종묘사직도 보전하기 어렵습니다. 사람에 대해서야 더 말할 것도 없지요."

이사의 말에 조고는 짐짓 화를 내는 듯한 어조로 말했다.

"이제 제가 드릴 말씀은 다 드렸습니다. 듣고 안 듣고는 승상께서 내리실 결정에 달려 있습니다. 저의 말대로만 하신다면 앞으로도 계속 부귀영화를 누리게 되실 것임은 물론 자손대대로 복을 누리게 될 것입니다. 그러나 저의 말을 듣지 않으시면 목숨도 보전하기가 어려울뿐더러 자손대대로 그 화가 미칠 것입니다. 부디 잘 생각해 보시기 바랍니다."

말을 마친 조고는 물러갔다.

이사는 조고의 말을 곰곰이 되씹어 보았다. 생각할수록 중대한 일이 아닐 수 없었다. 호해와 조고는 이미 서로 내통하고 있어 그들을 따르지 않으면 틀림없이 큰 화가 미칠 것 같고 그렇다고 따르자니 달갑지 않았다.

이사는 혼잣말로 중얼거렸다.

"나는 시대를 잘못 타고났어. 공교롭게도 이런 난세에 부딪쳤으니 말이야. 선황께서 나를 그토록 아껴 주셨는데 선황의 뜻을 저버려야 하다니."

결국 이사가 동의하자 조고는 호해를 찾아가 말했다.

"승상께서도 이미 동의를 했습니다."

이사까지 동의했다는 말을 듣자 호해는 너무도 기뻤다. 그는 내친김에 황제에 등극하겠다고 마음먹었다. 이사는 조고와 모의하여 호해를 태자로 책봉한다는 가짜 유지를 꾸몄다. 그리고 장자인 부소와 몽염은 즉시 자살하라는 조서도 꾸몄다.

그들은 그 조서에 옥새를 찍은 다음 심복을 시켜 상군으로 가 부소에게 그것을 전달하도록 했다. 이사도 물론 이 일을 알고 있었다. 이사는 자신의 목을 쓰다듬으면서 그들의 음모에 따르지 않을 수 없었다.

조고는 부소가 조서를 따르지 않을까 두려워 우선 함양으로 돌아가기로 결정하고 황제가 죽은 사실을 계속 숨기고 있었다. 진시황의 수레에는 창마다 휘장을 드리웠다. 조고가 안에 앉아 있으면서 누가 진시황에게 말을 걸면 적당히 얼버무렸다. 황제가 살아 있는지 죽었는지에 대해서는 누구도 주의를 기울이지 않았다. 그래서 이사와 조고가 꾸민 음모도 발각되지 않을 수 있었다.

하지만 날씨가 무더웠기 때문에 진시황의 주검에서는 썩는 냄새가 진동했다. 그래서 조고는 수레에 전복을 실으라고 분부했다. 길가의 행인들은 수레에서 풍기는 냄새 때문에 다투어 피했다. 하지만 사람들은 그것이 전복이 썩는 냄새로만 알았다. 그리고 난폭한 진시황의 심기라도 건드릴까 두려워 그 영문을 묻는 사람이 없었다. 그래서 무사히 함양에 닿을 수 있었다.

한편 가짜 조서를 받은 부소는 너무나도 슬픈 나머지 즉시 자살을 하려고 했다. 그때 몽염이 그를 제지하면서 말했다.

"폐하께서 황자님께 중임을 맡기신 것은 황자님을 신임하셨기 때문입니다. 그런데 아무런 연고도 없이 황자님께 자결을 명하실 수는 없는 노릇입니다. 여기에는 필시 음모가 개재되어 있을 것입니다. 먼저 사람을 보내 내막을 알아보는 것이 옳습니다. 상황을 분명하게 파악하신 뒤에 자결을 해도 늦지 않습니다."

부소 역시 의심스럽기는 마찬가지였다. 하지만 조고가 보낸 사자가 재촉하는 바람에 통곡하면서 말했다.

"부친께서 죽으라고 한다면 자식은 죽을 수밖에 없습니다. 죽으라고 하는데 구차하게 살려 달라고 애걸하지는 않겠습니다."

말을 마치기가 무섭게 부소는 검을 휘둘러 자결을 하고 말았다. 그러나 몽염은 애매한 죽임을 당하고 싶지 않았다. 그는 병권만 바치고 스스로 옥살이를 하면서 황제의 분부를 기다리겠다고 했다. 사자도 하는 수 없이 몰수한 병권만 가지고 황망하게 돌아갔다.

호해와 조고, 이사는 그들의 음모가 성공했음을 확인한 뒤에 진시황의 죽음을 선포하고 호해가 황제에 즉위하도록 했다. 문무백관은 그것이 진시황의 유명인 줄로만 알고 모두가 호해에게 축하의 인사를 건넸다. 호해는 황제로 등극한 뒤 승상을 비롯한 모든 관직을 그대로 유지했다. 오직 조고만 영서랑으로 승진하고 특별한 총애와 신임을 받았다. 그리고 얼마 뒤 그들은 옥중에 있던 몽염을 독살시켜 후환을 없앴다.

조고는 이사를 협박하고 회유하면서 손바닥 위에 올려놓고 가지고 놀았다. 조고가 이렇게 할 수 있었던 것은 진시황의 유서와 옥쇄를 가지고 있었기 때문이다. 이 두 가지가 있었기에 조고는 자기가 하고 싶은 대로 할 수 있었다.

사건을 처리하고 문제를 해결함에 있어서는 반드시 사건과 문제의 관건을 파악해야지 지엽적인 문제에 크게 신경을 써서는 안 된다. 그렇게 하면 나무만 보고 숲은 보지 못하는 것과 같다. 성패의 관건이 되는 문제만 분명하게 처리하면 그와 관련된 나머지 문제들도 자연히 해결된다. 설사 한동안 지엽적인 문제가 풀리지 않는다고 하더라도 그것이 전반적인 국면에까지 영향을 주지는 않는다.

3부

전략의 기술

오나라를 설득해 제나라를 물리친 자공

공자는 춘추시대에 노나라에서 태어났다. 공자는 강대한 제나라가 노나라를 치려고 함을 알고 바로 전략에 뛰어난 제자 자공을 이웃 나라에 보내 도움을 요청하게 했다. 자공은 먼저 제나라로 가서 전상을 이렇게 설득했다.

"당신이 노나라를 치려는 것은 크게 잘못됐습니다. 노나라는 치기 힘든 나라입니다. 그 나라의 성벽은 두텁지 않고 낮으며, 그 땅은 좁고 얕으며, 임금은 어리석고 어질지 못하며, 신하들은 위선적이고 무능하며, 또 병사들과 백성은 전쟁을 싫어합니다. 이러한 나라는 싸울 상대가 못 되니 오나라를 치는 것이 더 낫습니다. 저 오나라는 성벽이 높고 넓으며, 연못은 넓고 깊으며, 무기는 새로 만들어 튼튼하며, 병사들은 용감하고 식량도 충분합니다. 새로 만든 튼튼한 무기와 정예 병사가 모두 그 성 안에 있고 현명한 대부들이 그곳을 지키고 있습니다. 이런 나라는 치기 쉽습니다."

그러자 전상이 화를 벌컥 내면서 말했다.

"당신이 치기 어렵다고 하는 것은 다른 사람들이 보기에 쉬운 것이고, 당신이 치기 쉽다고 하는 것은 다른 사람들이 보기에 어려운 것이오. 이처럼 일반적인 상식과 반대로 말하는 것은 무슨 까닭이오?"

이에 자공은 다음과 같이 대답했다.

"제가 듣기에 나라 안에 걱정거리가 있으면 강한 적을 공격하고, 나라 밖에 걱정거리가 있으면 약한 적을 공격한다고 합니다. 그런데 지금 당신의 골칫거리는 나라 안에 있습니다. 저는 제나라 왕께서 당신을 세 번이나 봉하려고 했지만 그때마다 이뤄지지 않은 것은 대신들 가운데 반대하는 이가 있었기 때문이라고 들었습니다. 지금 당신이 노나라를 쳐서 제나라 땅을 넓히게 된다면 제나라 왕은 싸움에 이겼기 때문에 더욱 교만해질 것이고, 대신들의 위세는 더욱 높아질 것입니다. 그러면 당신은 공을 인정받지 못하고 오히려 왕과 사이가 날로 소원해질 것입니다. 이렇게 위로는 왕을 교만하게 만들고 아래로는 신하들을 방자하게 만들면 당신이 뜻하는 바를 이루기 어려워집니다. 일반적으로 왕이 교만해지면 제멋대로 하고 신하들이 방자해지면 권력을 다투게 됩니다. 당신은 위로는 왕과 틈이 벌어지고, 아래로는 대신들과 권력을 다투게 될 것입니다. 그러면 제나라에서 당신이 설 땅은 더욱 좁아질 것입니다. 그래서 오나라를 치는 것만 못하다고 말하는 것입니다. 오나라를 공격하여 이기지 못하면 백성은 나라 밖에서 죽고, 대신들은 나라 안에서 그 지위를 잃게 될 것입니다. 이렇게 되면 당신은 위로는 대적할 만한 강한 신하가 없어지고 아래로는 백성의 비난을 받지 않을 것이니, 왕을 고립시켜 제나라를 마음대로 할 수 있는 사람은 당신밖에 없게 됩니다."

전상은 이 말을 듣고 또 물었다.

"좋소. 그렇지만 우리 군대는 이미 노나라를 향해 떠났소. 노나라를 버리고 오나라로 방향을 돌리라고 한다면 대신들이 의심할 것이오. 어떻게 하면 좋겠소?"

자공이 대답했다.

"당신이 군대를 붙들어 놓고 노나라를 공격하지 마십시오. 그 동안에 저는 오나라 왕이 노나라를 도와 제나라를 치도록 설득하겠습니다. 그때 당신은 오나라를 맞아 싸우십시오."

자공은 오나라 왕을 이렇게 설득했다.

"신이 들으니 왕자王者는 속국의 후대를 끊지 않고, 패자霸者는 적국을 강하게 만들지 않는다고 합니다. 1000균(1균은 30근)의 무게도 1수銖나 1량兩의 작은 무게를 더하여 이루어집니다. 지금 전차 1만대의 제나라가 전차 1000대의 노나라를 끌어들여 오나라와 강함을 다투려 하고 있습니다. 저는 이 점이 진실로 왕을 위해서 염려됩니다. 더군다나 노나라를 구원하는 것은 명분을 살리는 일이고, 제나라를 치는 것은 큰 이익을 얻는 일입니다. 사수泗水 주변의 제후들을 회유하여 포악한 제나라를 벌하고, 다시 진晉나라를 굴복시킨다면 이익은 막대할 것입니다. 망해 가는 노나라를 존속시킨다는 명분을 내세우되 실제로는 강한 제나라를 곤경에 빠뜨리자는 것입니다. 지혜로운 사람이라면 이런 계책을 의심하지 않을 것입니다."

그러자 오나라 왕이 다음과 같이 말했다.

"좋소. 그렇지만 나는 일찍이 월나라와 싸움을 벌여 월나라 왕을 회계산에서 지내게 한 적이 있소. 그 일로 월나라 왕은 원한을 품고 군사를 기르면서 나에게 보복할 날만을 기다리고 있소. 그러니 내가 월나라를 칠 때까지 기다려 주면 그대의 말을 따르겠소."

이에 자공은 이렇게 말했다.

"월나라는 오나라만큼 강하지 못하고, 오나라는 제나라만큼 강하지 않습니다. 왕께서 제나라를 내버려 둔 채 월나라를 친다면 그동안 제나라는 노나라를 평정할 것입니다. 또한 왕께서는 바야흐로 망해 가는 나라를 존속시켜 끊어지려는 후대를 이어 주는 것을 명분으로 삼으려고 합니다. 그런데 작은 월나라를 치고 강한 제나라를 두려워하는 것은 용맹스러운 사람이 할 일이 아닙니다. 용맹스러운 사람은 어려움을 피하지 않고, 어진 사람은 곤경에 빠진 사람을 궁지로 몰아넣지 않으며, 지혜로운 사람은 때를 놓치지 않고, 왕은 다른 나라의 후대를 끊지 않음으로써 의를 세웁니다. 왕께서는 월나라를 그대로 둠으로써 제후들에게 어질다는 것을 보이고, 제나라에 핍박당하고 있는 노나라를 돕고 제나라를 정벌한 뒤, 오나라의 힘을 진晉나라에 더한다면 제후들은 반드시 서로 앞 다투어 고개를 숙이고 오나라를 찾아올 것입니다. 그렇게 되면 패업을 이룰 수 있습니다. 왕께서 월나라가 마음에 걸리신다면 제가 동쪽으로 가서 월나라 왕을 만나 군대를 지원하도록 설득하겠습니다. 그러면 실질적으로는 월나라를 텅 비게 만들면서 제후를 이끌고 제나라를 친다는 명분을 얻을 수 있습니다."

그러자 오나라 왕은 매우 기뻐하며 자공을 월나라로 보냈다.

월나라 왕 구천은 길을 청소하고 교외까지 나와 자공을 맞이하고 몸소 수레를 몰아 자공을 숙소까지 데려다 주고는 이렇게 말했다.

"이곳은 오랑캐 나라인데 대부께서 무슨 일로 여기까지 오셨습니까?"

이에 자공은 다음과 같이 말했다.

"저는 최근에 오나라 왕에게 노나라를 도와 제나라를 치라고 권했습니다. 오나라 왕은 그럴 뜻이 있으면서도 월나라가 걱정되어 '내가 월나라를 칠 때까지 기다리면 그렇게 하겠소'라고 하였습니다. 이렇게 되면 오나라는 반드시 월나라를 공격할 것입니다. 남에게 보복할 뜻이 없으면서도 그런 의심을 받는다면 이는 어리석은 일이고, 남에게 보복할 뜻이 있는데 이것을 알아차리게 한다면 이는 위태로운 일입니다. 또 계획을 행동으로 옮기기도 전에 새어나간다면 이는 매우 위험한 일입니다. 이 세 가지는 일을 꾀하는데 큰 걱정거리입니다."

월나라 왕 구천은 머리를 조아려 두 번 절하고 다음과 같이 말하였다.

"저는 일찍이 제 자신의 힘을 헤아리지 않고 오나라와 싸움을 벌였다가 회계산에서 곤욕을 치렀습니다. 그때의 고통이 뼛속까지 사무쳐 밤낮으로 복수할 생각에 입술은 타들어 가고 혀는 마릅니다. 오나라 왕과 맞서 싸워 죽는 것이 바람입니다."

구천은 자공에게 오나라에 복수할 수 있는 좋은 방법을 물었다. 이에 자공은 이렇게 말했다.

"오나라 왕은 사람됨이 사납고 모질어 모든 신하가 버티기 힘들 지경이고, 나라는 잦은 전쟁으로 황폐해졌으며, 군사들은 견디지 못합니다. 백성은 왕을 원망하고 대신들은 마음이 변하였습니다. 충신 오자서는 간언하다가 죽었고, 태재 백비는 나랏일을 맡고 있으나 임금의 그릇된 명령을 그대로 따르며 자기의 사욕만을 채우기에 급급하니 이는 나라를 위태롭게 하는 정치를 하고 있는 것입니다. 지금 왕께서 병사를 보내어 그의 뜻을 선동하고, 귀중한 보물들을 보내 환심을 사며, 자신을 낮춤으로써 그를 높여 주면 틀림없이 안심하고 제나라를 칠 것입니다. 그렇게 하여 오나라가 싸움에서 지면 그것은 왕의 복이고, 설령 이기더라도 반드시 여세를 몰아 진晉나라를 칠 것입니다. 그러면 그때 저는 진나라 왕을 만나 함께 오나라를 치도록 만들겠습니다. 그렇게 되면 오나라의 세력은 반드시 약해질 것입니다. 오나라의 정예 병사들은 제나라에서 싸울 수 있는 힘을 다 쓰고, 튼튼한 무기를 지닌 군사는 진나라에서 거의 기진맥진할 것입니다. 왕께서 그 틈을 타서 공격한다면 반드시 오나라를 쇠약하게 할 수 있을 것입니다."

월나라 왕은 크게 기뻐하며 허락하였다. 월나라 왕은 자공이 떠날 때 황금 백 일鎰과 칼 한 자루, 좋은 창 두 자루를 선물하였다. 그러나 자공은 그것을 받지 않고 오나라로 갔다.

자공은 오나라 왕에게 이렇게 보고하였다.

"신이 삼가 왕의 말씀을 월나라 왕에게 전했더니, 그는 두려워하면서 '저는 불행히도 어려서 아버지를 잃고 제 자신의 분수도 모르고 오나라에 도전하는 죄를 범했습니다. 그러나 군대는 싸움에서 지고 자신은 모욕을 당하여 회계산에서 숨어 살며 나라를 폐허로 만들었습니다. 그러나 다행히 왕의 은혜로 다시 조상께 제사를 지낼 수 있게 되었으니 죽어도 그 은혜를 잊을 수 없습니다. 어찌 감히 오나라에 대한 음모를 꾸밀 수 있겠습니까?라고 하였습니다."

그로부터 닷새 뒤에 월나라에서 대부 문종을 사신으로 보내왔는데, 그는 머리를 조아리며 오나라 왕에게 다음과 같이 말했다.

"동해(월나라) 구천의 사자 신 문종이 삼가 왕의 신하들을 통해서 문안드립니다. 지금 듣건대 왕께서 아주 의로운 군사를 일으켜 강자를 징벌하고 약자를 구원하며 포악한 제나라를 곤경에 빠뜨림으로써 주나라 왕실을 편안케 하신다고 하니, 우리 나라 병사 3000명을 모두 동원하고 월나라 왕이 직접 갑옷을 입고 무기를 들고 맨 앞에 서서 적의 화살과 돌을 받고자 합니다. 월나라의 신하 문종에게 선대로부터 물려받은 갑옷 스무 벌과 도끼, 굴로라는 장인이 만든 창, 차고 다니면 빛이 나는 칼을 올려 출정을 축하드리도록 했습니다."

오나라 왕은 매우 기뻐하여 자공에게 물었다.

"월나라 왕이 몸소 과인의 제나라 정벌에 따라 나서겠다고 하는데 허락해도 괜찮겠소?"

자공이 대답했다.

"안 됩니다. 남의 나라를 텅 비게 하고 남의 군대를 모조리 동원시키면서 또 그 나라의 왕까지 싸움터로 나가게 하는 것은 의롭지 않습니다. 왕께서는 그가 보낸 예물과 군대만 받으시고 왕의 종군은 사양하십시오."

오나라 왕은 자공의 권고를 받아들여 월나라 왕이 이 전쟁에 참가하는 것은 사양하였다. 오나라 왕은 드디어 아홉 군의 병사들을 동원하여 제나라 정벌에 나섰다.

자공은 진나라로 가서 정공에게 말했다.

"신은 생각이 먼저 정해지지 않으면 돌발 사태에 잘 대처할 수 없고 군대가 잘 갖춰지지 않으면 적을 이길 수 없다고 들었습니다. 지금 제나라와 오나라가 싸우려 하고 있는데, 만일 이 싸움에서 오나라가 지면 월나라가 오나라를 공격할 것이고 오나라가 이기면 반드시 여세를 몰아서 진나라로 쳐들어올 것입니다."

진나라 왕은 두려워하며 물었다.

"이 일을 어떻게 하면 좋겠소?"

자공이 대답했다.

"군대를 잘 정비하고 병사들을 쉬게 한 뒤 기다리십시오."

진나라 왕은 그렇게 하기로 약속하였다.

자공은 진나라를 떠나서 노나라로 돌아왔다. 오나라 왕은 과연 제나라와 애릉에서 싸워 크게 이기고 적의 장군 일곱 명이 이끄는 군사들을 사로잡았다. 오나라는 돌아오지 않고 여세를 몰아 진나라로 향해 나아가 황지에서 진나라 군대와 마주쳤다. 이 두 나라는 서로 강함을 다투었으나 진나라가 공격하여 크게 이겼다. 월나라 왕은 이 소식을 듣자 강을 건너 오나라를 습격하기 위해 도성 밖 칠 리쯤에 주둔하였다. 오나라 왕은 이 소식을 듣고서 급히 진나라와의 싸움을 그만두고 돌아와 오호에서 월나라와 세 차례 싸웠으나 다 패하고, 결국 월나라 군대에게 도성까지 내주었다. 월나라 군대는 오나라 궁궐을 에워싼 뒤 오나라 왕 부차를 죽이고, 재상 백비의 목을 베었다. 월나라는 오나라를 깨뜨린 지 삼 년 뒤에 동방 제후들의 우두머리가 되었다.

자공은 제 · 오 · 월 · 진 네 나라의 갈등 관계를 적절히 이용하여 그들을 교묘하게 배치해, 오나라의 '칼'로 제나라를 격파했고 진나라의 '칼'로 오나라의 위풍을 꺾었다. 그래서 노나라는 크게 손실을 보지 않고 위기에서 벗어날 수 있었다. 이것은 남의 칼로 사람을 죽이는 교묘한 계책이다.

닭 잡는 데 소 잡는 칼을 쓰지 않는다. 더욱 좋은 방법은 자기가 직접 나서지 않고 다른 사람들이 스스로 자기를 돕도록 하는 것이다.

인간관계는 복잡하다. '나'와 '너' 그리고 '그'는 여러 면으로 관계를 발생하여 사람과 사람 사이에는 보편적으로 갈등이 존재할 수밖에 없다. "영원한 적도 영원한 동지도 없으며 다만 이익만 있을 뿐"이라는 말이 있다. 이익은 항상 충돌을 야기하고 갈등을 빚어낸다. 이 갈등을 풀기 위해선 투쟁을 하거나 결투를 벌일 수밖에 없다. 그러나 현명한 사람들은 그렇게 하지 않고 제3자를 찾아 그로 하여금 '나' 대신 수고를 하게 한다. 나를 위해 힘 써주는 사람이 있다면 굳이 내가 나설 필요가 없어지는 것이다.

소꼬리에 불을 붙이는 계책으로 연나라 군대를 물리친 전단

전단은 제나라의 여러 전씨田氏 일족 가운데 한 사람이다. 전단은 제나라 민왕 때 임치의 시연(시장을 감독하는 관리)이었으나 그를 아는 사람이 없었다.

연나라가 악의를 보내 제나라를 쳐서 깨뜨리자 제나라 민왕은 달아나 거성을 지켰다. 연나라 군대가 깊숙이 쳐들어와 제나라를 평정하자 전단은 안평으로 달아났다. 전단은 자기 집안사람들에게 수레바퀴 축의 양쪽을 모조리 잘라 버리고 쇠를 덧붙여 튼튼하게 만들도록 했다. 얼마 뒤 연나라 군대가 안평을 쳐서 성을 함락시켜 제나라 사람들은 앞을 다투어 달아났지만, 바퀴 축의 양 끝이

부러져 수레가 부서지는 바람에 모두 연나라 군대에게 사로잡히고 말았다. 그러나 오직 전단의 집안사람들만은 바퀴 축을 서로 쐬두었기 때문에 탈출하여 동쪽 즉묵으로 가서 몸을 보존할 수 있었다. 연나라는 제나라의 거의 모든 성을 정복하였으나 거와 즉묵만은 손에 넣지 못하고 있었다.

연나라 군대는 제나라 왕이 거에 숨어 있다는 말을 듣고 군사들을 모아 공격하였다. 그러나 초나라 장수 요치가 제나라 민왕을 죽이고 거를 굳게 지키며, 연나라 군대에 맞서 여러 해 동안이나 항복하지 않았다. 연나라는 군대를 이끌고 동쪽으로 가서 즉묵을 둘러쌌다. 즉묵의 대부들은 성에서 나와 싸우다가 패하여 목숨을 잃었다. 그러자 성안에 있던 사람들은 한결같이 전단을 추대하며 이렇게 말했다.

"안평 싸움에서 전단의 집안사람들만이 바퀴 축을 쇠로 싸 두었기 때문에 무사했으니 그는 군대를 잘 다룰 것이다."

그러고는 곧바로 장군으로 추대했다. 전단은 즉묵을 지키며 연나라 군대에 대항하였다.

얼마 뒤 연나라 소왕이 죽고 혜왕이 자리에 올랐으나, 혜왕은 악의와 사이가 좋지 않았다. 전단은 이 사실을 알고 연나라에 첩자를 보내 이러한 소문을 퍼뜨렸다.

"제나라 왕은 이미 죽었고 함락되지 못한 성은 이제 두 곳뿐이다. 악의는 벌을 받을까 두려워 감히 돌아오지 못하면서 제나라를 친다는 명분을 내세우고 있지만, 실제로는 전쟁을 질질 끌어 자신이 제나라 왕이 되려고 한다. 그러나 제나라 사람들이 자신을 따르지 않기 때문에 즉묵을 공격하기를 잠시 늦추어 때를 기다리고 있다. 제나라 사람들은 다른 장군이 와서 즉묵을 쑥밭으로 만들까 봐 걱정할 뿐이다."

연나라 왕은 이 소문을 그럴듯하게 여겨 악의 대신 기겁을 장군에 임명하였다. 악의가 달아나 조나라로 귀순하자, 연나라 병사들은 분통을 터뜨렸다.

한편 전단은 성안 사람들에게 밥을 먹을 때마다 반드시 조상에게 제사를 지내도록 명령하였다. 그러자 날던 새들이 모두 성안으로 내려와 차려 놓은 음식을 먹어 치웠다. 연나라 사람들이 이 일을 해괴하게 여기자, 전단은 이렇게 선전했다.

"신이 와서 나를 가르쳐 주시는 것이오."

그는 또 성안 사람들에게 말했다.

"이제 신神과 같은 사람이 내 스승이 될 것이다."

그러자 한 병졸이 물었다.

"제가 스승이 될 수 있겠습니까?"

그러고는 몸을 돌려 뛰어갔다. 전단은 바로 일어나 그를 불러 되돌아오게 하여 동쪽을 향하여 앉힌 다음 스승으로 받들려고 했다.

그러자 병졸은 말했다.

"제가 당신을 속였습니다. 사실 제게는 아무 능력이 없습니다."

그러자 전단은 말했다.

"너는 아무 말도 하지 마라."

그러고는 그를 스승처럼 받들며, 명령을 내릴 때마다 반드시 신神이 스승이라고 하였다. 그러고 나서 전단은 이렇게 선언했다.

"내가 걱정하는 것은 연나라 군사가 사로잡은 제나라 병사들의 코를 베고 그들을 앞세워 우리와 싸우게 하여 즉묵이 패하게 되는 것일 뿐이다."

연나라 사람들은 이 말을 듣고 전단이 말한 것과 같이 했다. 성 안 사람들은 항복한 제나라 군사들의 코가 베인 것을 보자 모두 분노가 치밀어 성을 굳게 지키며 연나라 사람에게 붙잡히지나 않을까 두려워했다.

전단은 또 첩자를 풀어 이런 말을 하게 했다.

"나는 연나라 사람들이 우리 성 밖에 있는 무덤을 파헤쳐 조상을 욕보일까 겁난다. 이런 생각만 하면 섬뜩해진다."

연나라 군사들은 무덤을 모두 파헤쳐 시체를 불살라 버렸다. 즉묵 사람들은 성 위에서 멀리서 자행되는 이 광경을 바라보고 모두 눈물을 흘리며 함께 달려 나가 싸우기를 원했다. 그들의 분노는 열 배나 더해졌다.

전단은 이제 병사들이 싸울 만하게 되었음을 알고 몸소 널판과 삽을 들고 병졸들과 똑같이 일하였다. 또한 아내와 첩까지 군대 속에 끼워 넣고 음식을 있는 대로 풀어 병사들을 먹였다. 그러고 나서 무장한 병사들은 모두 숨게 하고 노약자와 부녀자들만 성 위로 오르게 한 뒤, 사신을 보내 연나라에 항복한다고 약속하였다. 이 말을 듣자 연나라 군사는 모두 만세를 불렀다.

전단은 또 백성들에게서 돈 2만 냥을 거두어 즉묵의 부자들을 통해 연나라 장수에게 보내며 이렇게 말했다.

"즉묵이 곧 항복하면 내 집안과 처첩들만은 포로로 삼지 말고 편안하게 살 수 있도록 해 주십시오."

연나라 장수는 매우 기뻐하며 그렇게 하기로 했다. 연나라 군사들은 이 일로 하여 마음이 더욱더 풀어졌다.

전단은 성안에서 소 1000여 마리를 모아 붉은 비단에 오색으로 용무늬를 그려 넣은 옷을 만들어 입히고, 소뿔에는 칼날을 붙들어 매고 소꼬리에는 갈대를 매달아 기름을 붓고 그 끝에 불을 붙였다. 그러고는 성벽에 구멍을 수십 개 뚫어 밤을 틈타 그 구멍으로 소를 내보내고, 장사 5000명이 그 뒤를 따르게 하였다. 꼬리가 뜨거워지자 소가 성이 나서 연나라 군대의 진영으로 뛰어드니 연나라 군사는 한밤중에 크게 놀랐다. 소꼬리에 붙은 횃불은 눈부시게 빛났는데, 연나라 군사가 자세히 보니 모두 용 모습을 하고 있었다. 그들은 소뿔에 받히는 대로 모두 죽거나 부상을 당했다. 게다가 장사 5000명이 나뭇가지를 문 채 뛰어들었고, 성 안에서는 북을 울리며 함성을 질렀다. 노인과 아이들도 모두 구리 그릇을 두들겨 대며 성원을 보냈는데, 그 소리가 마치 천지를 뒤흔드는 것과 같았다. 연나라 군사들은 매우 놀라 싸움에 져서 달아났다. 제나라 사람들이 마침내 연나라 장수 기겁을 죽이자 연나라 군사는 정신없이 달아났다. 제나라 사람들은 도망가는 적을 뒤쫓았는데, 그들이 지나가는 성과 고을마다 모두 연나라에 반기를 들고 전단에게로 귀순하였다.

전단의 병사는 날마다 늘어나고 승리의 기세를 탔지만, 연나라는 하루하루 패하여 도망치다가 결국 하상에 닿았다. 이리하여 연나라 성 칠십여 개가 다시 제나라의 것이 되었다. 전단은 제나라 양왕을 거에서 맞이하여 임치로 모시고 들어가 정사를 맡겼다. 양왕은 전단을 안평군에 봉하였다.

중국인은 짐승과 가축의 활용에 능하다. 전단이 이용한 화우진火牛陣, 코끼리를 마구잡이로 내몰아 공포감을 주는 대상진大象陣, 멧돼지를 성나게 하여 돌진시키는 야저진野猪陣 등 활용할 수 있는 것은 모두 동원하여 그때마다 전과를 올렸다.

전단은 뛰어난 재능을 가진 전략가였다. 전단은 갖가지 수단을 동원하여 자신의 힘을 키웠다.

그는 '신인神人'을 조직하여 사람들로 하여금 무릎을 꿇게 했다. 그래서 자기 나라 백성의 사기를 높임은 물론 상대방에게는 공포감을 주었다. 그리고 잇달아 그에게 포로를 학대하도록 유인하여 제나라 백성의 분노를 자극함으로써 전투력을 높일 수 있었다. 가장 절묘한 것은 그의 화우진이었다. 그로써 연나라 군사들을 기겁하게 만들어 놓고는 약한 군사력으로 강한 적을 물리쳤다.

신인은 "군자는 사물에 의거할 줄 알아야 한다"고 했다. 자기의 실력이 약한 것은 관계가 없다. 다른 사물이나 다른 사람의 힘을 빌릴 수 있기 때문이다. 인간의 힘은 소를 능가할 수 없고, 속도는 말을 능가할 수 없지만 그런 동물들을 가축으로 길들였다.

사물의 도움을 빌리는 것은 어려운 일이 아니다. 어려운 것은 다른 사람의 힘을 활용하고 다른 사람의 힘을 빌려 자신의 목적을 달성하는 것이다.

공성계로 초나라를 물리친 숙첨

춘추시대 초나라 재상 공자 원은 그의 형 초 문왕이 죽자 용모가 빼어난 형수 문 부인을 차지하려고 하였다. 그는 갖가지 방법으로 문 부인의 비위를 맞추려고 했다. 하지만 문 부인은 그런 그에게 무관심했다. 그래서 그는 공을 세움으로써 자신의 능력을 과시하여 문 부인을 환심을 사려고 했다.

기원전 666년, 공자 원은 병거 6백 대를 이끌고 당당하게 정나라를 치러 떠났다. 초나라 대군은 연이어 몇 개의 성을 점령한 후 곧바로 정나라의 도읍을 압박하였다. 정나라는 국력이 약했을 뿐 아니라 성 안에는 병력도 많지 않아 도저히 초나라 군대를 막을 방법이 없었다.

정나라는 위기가 닥치자 중신들의 의견이 분분했다. 항복을 하여 화평을 청하자는 이가 있는가 하면 죽기로 일전을 벌이자고 하는 이도 있고 성을 지키며 원군을 청하자는 이도 있었다. 그러나 어느 것도 정나라를 위기에서 구해낼 수 없었다.

상경 숙첨이 말했다.

"화평을 청하자는 것과 결전을 벌이자는 것 모두 좋은 계책이 아닙니다. 그러나 성을 지키며 원군을 청하자는 의견은 좋은 방안이라 생각됩니다. 정나라와 제나라는 서로 맹약을 맺은 바 있으니, 우리가 청하면 분명 제나라가 출병해 도울 것입니다. 공자 원이 정나라를 치는 것은 실제로는 공을 세워 이름을 얻고자 하기 때문입니다. 그는 필경 이기고자 조급해 할 것이고 패배를 크게 두려워할 것입니다. 제게 초나라 군을 물리칠 한 가지 계책이 있습니다."

정나라는 숙첨의 계책을 따라 준비를 했다. 병사들은 모두 매복하게 하여 적에게는 한 명도 보이지 않도록 하였다. 상점들은 평소와 같이 모두 문을 열게 하고, 백성들도 평상시와 같이 거리를 오가도록 해 한 치의 혼란한 모습도 보이지 않도록 했다.

그리고 성문을 크게 열고 조교弔橋도 내려 아무런 방비도 없는 듯하였다.

초나라 군의 선봉이 정나라 성 아래 도착해 이러한 정경을 보자

마음속에 의심이 들었다.

'성 안에 복병을 숨겨 놓고 우리를 끌어들이려는 것이 아닌가? 함부로 경거망동하지 말고 공자 원이 올 때까지 기다려 보자.'

공자 원도 도착해 보니 역시 마찬가지로 이상한 생각이 들었다. 그가 제장들을 데리고 높은 고지에서 성 안을 살펴보니 확실히 비어 있었지만, 갑옷을 입은 정나라 기병의 모습이 흐릿하게 보였다. 공자 원은 여기에는 분명 속임수가 있다고 판단해 함부로 공격하지 말라고 하고 성 안으로 첩자를 보내 허실이 파악될 때까지 군을 움직이지 않도록 했다.

이때 제나라는 정나라의 구원을 요청받고 노, 송 두 나라와 연합하여 군을 일으켜 정나라를 도와주러 왔다. 공자 원은 이 소식을 듣자, 세 나라 연합군이 오게 되면 이길 수 없다는 판단을 하여 몇 차례 승리한 것을 위안으로 삼은 채 철군하였다. 그는 철군할 때, 정나라 군이 추격해 올까 두려워 전군에 명을 내려 밤을 틈타 철군하였다.

이튿날 새벽 성루에 오른 숙첨이 말했다.

"초나라 군대는 이미 물러갔소."

그러나 여러 사람들은 적군의 진영에서 나부끼고 있는 깃발을 보면서 그의 말을 믿지 않았다. 숙첨이 말했다.

"군영에 사람이 있다면 어찌 저렇게 많은 새들이 날아다니고 있겠소? 그들은 공성계에 속았으면서 오히려 공성계로 우리를 기만하면서 퇴각했소이다. 우리의 뜻대로 말이오."

공성계는 제갈공명이 쓴 것으로 널리 알려져 있지만, 역사상 처음으로 공성계를 쓴 사람은 숙첨일 것이다.

공성계는 일종의 심리 전술이다. 성을 수비할 힘이 없는 상황에서 일부러 적에게 성이 비어 있음을 보여줌으로써 의심을 하게해 공격하지 못하게 하는 것이다. 그러나 공성계는 매우 위험한 계책으로 잘못 쓰면 하책 중의 하책이 된다.

그리고 이 계책을 쓸 때 반드시 적의 우두머리의 성격과 심리를 잘 파악하고 있어야 한다. 제갈공명이 공성계를 쓸 수 있었던 것은 그가 조심스럽고 의심이 많은 사마의의 성격을 잘 알고 있었기 때문이다. 그래서 감히 위험한 계책을 쓸 수 있었던 것이다. 마찬가지로 숙첨이 공성계를 쓸 수 있었던 것은 지는 것을 두려워하는 공자 원의 심리를 잘 파악하고 있었기 때문이다.

자신의 원칙을 지킴으로써 적을 물리친 주아부

항우를 물리치고 한漢나라를 세운 유방은 통치 기반을 공고히 하기 위해 같은 성씨, 즉 유씨의 자제들을 각지의 왕으로 책봉했다. 혈연 통치를 이어가면서 다른 성씨가 권력을 찬탈하는 것을 미연에 방지하려고 했던 것이다. 그러나 시간이 흐르면서 각지에 책봉한 왕들의 세력이 커지는 것을 방지하지 못했다. 드디어 그들은 독립 왕국처럼 되어 한나라 조정을 위협했다.

한 경제 때에 이르러 어사대부 조착이 이런 지방의 정권을 약화시킬 필요성을 제기하고 나섰다. 그에 따라 지방의 정권을 제약하는 정책을 실시하자 각지의 왕들은 조정에 불만을 품게 되었다. 그리하여 기원전 154년 오나라와 초나라 등 일곱 나라가 연합하여 반란을 일으켰다.

일곱 나라의 반란 소식을 보고하는 문서가 황제에게 올라가자, 황제는 태위 조후 주아부에게 장군 서른여섯 명을 이끌고 가서 오나라와 초나라를 치게 하였다. 곡주후 역기에게는 조나라를 치게 하고, 장군 난포에게는 제나라를 치게 하였으며, 대장군 두영에게는 형양에 주둔하여 제나라와 조나라 군사의 동태를 감시하도록 했다.

출발하기에 앞서 주아부는 한 경제에게 이렇게 말했다.

"유비가 거느리고 있는 오나라와 초나라 연합군은 용감하고 민첩합니다. 그들과 싸워서 이기기는 쉽지 않을 것입니다."

이 말에 긴장한 한 경제가 급히 물었다.

"그럼 어찌하면 좋겠소?"

주아부가 말했다.

"그들이 출병하여 싸우는 데에는 식량과 마초가 매우 중요할 것입니다. 무엇보다도 그들의 식량 보급로를 차단해야만 합니다. 그렇게 하면 그들을 제압할 수 있을 것입니다."

한 경제가 주아부의 의견에 동의했다. 그제야 주안부는 장안을 떠나 낙양으로 출전할 준비를 서둘렀다.

주아부는 당초 효산과 면지를 지나 낙양에 이르려고 했다. 그러자 그의 부하 장수가 만류하면서 말했다.

"오왕은 매우 부유하기 때문에 자기를 위해 목숨을 바치려는 자들을 이미 매수했을 것입니다. 지금 그들은 우리의 행군 노선을 알고 있으니 틀림없이 효산과 면지 사이에 있는 험지에 군사를 배치했을 것입니다. 그런데 장군께서는 어찌하여 길을 바꾸지 않으십니까? 여기서 오른쪽으로 돌아 남전을 지나 무관을 벗어나면 곧바로 낙양에 이를 수 있습니다. 그렇게 해도 하루 내지 이틀이 더 걸릴 뿐입니다. 그 후에 쥐도 새도 모르게 낙양에 도착해서 급습할 수 있습니다."

주아부는 그의 건의를 받아들였다. 그는 즉각 행군 노선을 바꿔 남전에서 무관, 남양을 거쳐 낙양으로 갔다. 그는 먼저 형양의 요충지를 차지한 뒤에 낙양의 무기고와 형양의 오포를 제압했다.

이렇게 되자 주아부는 기뻐했다.

"이렇듯 순조롭게 진척되리라고는 생각하지 못했소. 우리가 이렇게 형양에 주둔하고 있으니 형양 동쪽은 한시름 놓을 수 있을 것이오."

그때 오나라와 초나라 연합군은 극벽에서 양나라 군 수만 명을 섬멸하고 양나라의 도성인 저양을 포위하고 있었다. 이렇듯 매우 위급한 상황에 직면한 양나라 왕은 주아부에게 사람을 보내 구원을 요청했다. 하지만 주아부는 그 말을 들은 척도 하지 않고 동북으로 진군하여 창읍에 성지를 구축했다. 그렇게 해서 견고한 방어 진지가 구축되자 수비에 만전을 기하게 되었다.

그러는 사이에도 오나라와 초나라 연합군은 계속해서 저양 공격에 나섰다. 다급해진 양나라 왕은 여러 차례 사신을 파견하여 구원을 요청했다. 하지만 주아부가 계속 모른 척하고 있으니 한 경제에게 사신을 보내 자신을 구원하지 않는 주아부를 비난했다. 그러자 한 경제는 주아부에게 양왕을 도우라는 분부를 내렸다. 하지만 주아부는 이 같은 황제의 조서에도 불구하고 원래의 계획대로 진지를 지키기만 할 뿐 출병을 하지 않았다.

그러면서 주아부는 기병을 보내 오나라와 초나라 연합군의 배후로 들어가 연합군의 퇴로를 차단하는 한편 식량 보급로를 끊어 버렸다. 연합군의 포위망 속에서도 양나라 군은 결사적으로 저항하는 한편 이따금 연합군을 기습하여 몇 차례 승전고를 울리기도 했다.

이렇듯 연합군이 오랫동안 저양을 공격하다 보니 식량이 부족해졌다. 군의 사기가 크게 저하되었음은 물론 서쪽으로 형양과 낙양을 탈취하려던 계획도 실현되지 않고 있었다. 그런데다 퇴로 역시 주아부의 군대에 의해 위협을 받고 있었다. 이에 맞춰 오나라와 초나라 연합군은 발길을 돌려 주아부의 군대를 공격하기 시작했다. 그래서 양측의 군대는 하읍에서 마주치게 되었다.

속전속결을 꾀하는 오나라와 초나라 연합군에 맞선 주아부는 튼튼한 방어진지에 의지하여 적의 도발에도 아랑곳 하지 않았다. 조급해진 연합군은 여러 차례 도발을 했지만 뜻대로 되지 않았다. 그래서 연합군은 성동격서의 계책을 쓰기로 했다. 즉, 일부 병역을 한의 군영 동남부를 칠 것처럼 꾸며대다가 주력부대를 서북쪽 군영에 투입한다는 것이었다. 그러나 이 같은 연합군의 계략을 간파한 주아부는 서북쪽 진지에 대한 방어를 강화했다. 그 결과 서북쪽 군영을 공격한 오나라와 초나라 연합군은 막대한 타격을 입고 말았다.

이런저런 이유로 오나라와 초나라 연합군은 도무지 한나라의 군영을 넘볼 수가 없었다. 그런데다가 한나라 군이 진지 밖으로 나오려고 하지 않으니 어쩔 도리가 없었다. 시간이 갈수록 식량 부족은 연합군의 사기를 극도로 저하시켰다. 적지 않은 군사들이 굶어 죽거나 도망을 치자 그들은 퇴각하지 않을 수 없었다.

시기를 정확하게 판단한 주아부는 정예부대를 출병시켜 오나라와 초나라 연합군을 크게 물리쳤다. 그 결과 초나라 왕 유무는 자살을 했고, 몇 천 명의 군사와 함께 단도로 도망을 친 오나라 왕 유비는 동월에 의거하여 최후의 저항을 하였다.

승세를 몰아 추격한 주아부의 군대는 오나라의 장수와 사병을 사로잡는 한편 황금 천 근을 내걸고 오나라 왕 유비를 수배했다.

그로부터 한 달이 지나자 동월 왕은 한나라 군의 위협과 회유책을 견디지 못하고 오나라 왕을 죽였다.

오나라와 초나라 연합군이 양나라를 공격할 때 함께 반란을 일으킨 여러 왕은 제각기 딴 마음을 먹고 있었다. 제齊나라 왕 배약은 출병을 하지 않았고 조趙나라 왕은 관망하는 자세를 취했다. 그래서 교동 왕과 교서 왕, 치천 왕, 제남 왕 등 네 왕만 군사를 일으켰다. 그러나 그들이 임치를 공격할 때 한나라 군의 공격에 네 나라 연합군은 섬멸되고 말았다. 뒤에 교서 왕과 조나라 왕은 자살을 했고, 나머지 왕들은 반란군에 의해 살해당했다. 그래서 일곱 나라의 반란은 철저한 실패로 끝나고 말았다.

주아부는 일곱 나라 반란을 평정하는 과정에서 가장 큰 공을 세웠다.

장수는 밖에서 왕의 명령을 듣지 않을 수도 있다. 이것은 군사를 거느리고 전쟁을 하는 장군이라면 마땅히 준수해야 할 원칙이다.

주아부가 오나라의 반란을 평정할 때 오나라와 초나라 연합군은 양나라를 공격했다. 연합군에 의해 패망할 위기에 놓이자 양나라 왕은 여러 차례에 걸쳐 구원을 요청했지만 주아부는 거절했다. 양나라 왕은 황제의 명령까지 이끌어냈지만 주아부의 구원을 받으려는 자기의 소망은 이루어지지 않았다. 그것은 주아부가 자신이 세운 원칙을 철저히 준수했기 때문이다.

주아부는 오나라와 초나라 연합군이 양나라를 공격하도록 방치하는 것이 연합군으로 하여금 전력에 손상을 입히는 한편 자기의 군대에 유리하기 때문이었다. 그렇게 함으로써 그의 목적이 순조롭게 이루어질 수 있었다.

배수진을 치고 조나라 군을 격파한 한신

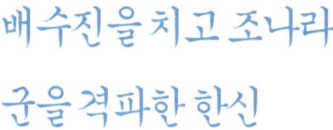

진秦나라가 망하자 여러 제후들이 들고 일어나 쟁탈전을 벌였다. 그 가운데 초나라 왕 항우와 한나라 왕 유방의 세력이 가장 강했다.

한나라 왕 유방은 장이를 보내 한신과 함께 병사를 이끌고 북동쪽으로 진격하여 조나라와 대代나라를 치도록 했다. 그 뒤 9월에 그들은 대나라 군대를 깨뜨리고 연여에서 대나라 재상 하열을 사로잡았다. 한신이 위나라를 항복시키고 대나라를 깨뜨리자, 한나라 왕은 사자를 보내 그의 정예 병사를 이끌고 형양으로 가서 초나라 군대를 막도록 했다.

한신은 장이와 함께 수만 명을 이끌고 동쪽으로 가서 정형에서 내려와 조나라를 치려고 했다. 조나라 왕과 성안군은 한나라 군대가 곧 쳐들어온다는 말을 듣자 병사를 정형 어귀로 모이도록 했는데, 그 수가 20만 명이라고 했다. 그러나 광무군 이좌거가 성안군을 설득했다.

"들리는 바에 따르면 한나라 장수 한신은 서하를 건너서 위나라 왕 표와 하열을 사로잡고 연여를 피로 물들였다고 합니다. 이제 장이의 도움을 받아 우리 조나라를 함락시키려고 의논하고 있다니, 이는 승세를 타고 고국을 떠나 멀리서 싸우는 것으로 그 예봉을 막아내기 어려울 듯합니다. 제가 듣건대 '천 리 먼 곳에서 군사들의 식량을 보내면 수송이 어려워 병사들에게 주린 빛이 돌고, 땔나무를 하고 풀을 베어야 밥을 지을 수 있으면 군사들은 저녁밥을 배불리 먹어도 아침까지 가지 못한다'라고 합니다. 지금 정형으로 가는 길은 폭이 좁아 수레 두 대가 나란히 갈 수 없고, 기병도 대열을 지어 갈 수 없습니다. 이러한 길이 수 백 리나 이어지므로 그 형세로 보아 군량미는 반드시 뒤쪽에 있을 것입니다.

원컨대 제게 기습병 3만 명을 빌려 주시면 지름길로 가서 그들의 군량미 수송대를 끊어 놓겠습니다. 군께서는 도랑을 깊이 파고 성벽을 높이 쌓아 진영을 굳게 지키기만 하고 한나라 군대와 맞붙어 싸우지 마십시오. 이렇게 하면 적군은 앞으로 나아가 싸울 수 없고 물러가려고 해도 돌아갈 수 없을 것입니다. 이때 우리 기습병이 적의 뒤를 끊고 적이 약탈할 만한 식량을 치워 버리면 열흘도 못 돼서 적군의 두 장수 한신과 장이의 머리를 휘하에 바칠 수 있습니다. 부디 군께서는 제 계책에 유의해 주십시오. 이렇게 하지 않으면 반드시 적군의 두 장수에게 사로잡히고 말 것입니다."

성안군은 유자儒者여서 언제나 정의로운 군대라고 일컬으며 속임수나 기이한 계책을 쓰지 않았다. 그는 이렇게 말했다.

"내가 듣건대 병법에 의하면 '병력이 열 배가 되면 적을 포위하고 두 배가 되면 싸우라'라고 했소. 지금 한신의 군사는 말로는 수만 명이나 된다고 하지만 실제로는 수천 명에 지나지 않소. 그것도 1000 리나 되는 먼 길을 와서 우리를 치니 역시 지칠 대로 지쳐 있을 것이오. 지금 이러한 적을 피하고 치지 않는다면 앞으로 큰 적들이 쳐들어올 때는 어떻게 대처하겠소? 그렇게 되면 제후들은 우리를 겁쟁이로 여겨 쉽게 쳐들어올 것이오."

그러고는 광무군의 계책을 쓰지 않았다.

한신이 첩자를 놓아 조나라의 동향을 염탐하게 하였더니 첩자는 광무군의 계책이 채택되지 않은 것을 알고 돌아와 보고했다. 한신은 매우 기뻐하며 과감하게 병사를 이끌고 정형의 좁은 길로 내려왔다. 정형 어귀에서 삼십 리 못 미친 곳에 머물러 야영하고, 그날 밤에 군령을 전하여 가볍게 무장한 병사 2000명을 뽑아 저마다 붉은 기를 하나씩 가지고 샛길로 해서 산속에 숨어 조나라 군사를 바라보도록 하고, 다음과 같이 명령했다.

"조나라 군사는 우리 군사가 달아나는 것을 보면 반드시 성벽을 비워 놓고 우리 군사의 뒤를 쫓아올 것이다. 그러면 너희는 재빨리 조나라 성벽으로 들어가 조나라 기를 빼고 한나라의 붉은 기를 세워라."

또 비장을 시켜 가벼운 식사를 전군에게 나누어 주도록 하고 이렇게 말했다.

"오늘 조나라 군사를 무찌른 뒤 다 같이 모여 실컷 먹자."

장수들은 아무도 그 말을 믿지 않았으나 응하는 척하며 대답했다.

"네, 알겠습니다."

한신은 다시 군리에게 이렇게 말했다.

"조나라 군대는 우리보다 먼저 유리한 곳을 골라 성벽을 만들었다. 또 그들은 우리 대장의 기와 북을 보기 전에는 우리의 선봉을 치지 않을 것이다. 그것은 우리 군대가 좁고 험한 곳에 부딪쳐 돌아가지나 않을까 두려워하기 때문이다."

그래서 한신은 군사 만 명을 먼저 가도록 하고 정형 어귀로 나가서 물을 등지고 진을 치게 했다. 조나라 군대는 이것을 바라보고는 병법을 모른다며 한껏 비웃었다.

날이 샐 무렵, 한신이 대장의 깃발을 세우고 진을 치면서 정형 어귀로 나갔다. 조나라 군대는 성벽을 열고 나가 한참 동안 격렬하게 싸웠다. 한신과 장이가 거짓으로 북과 기를 버리고 강기슭의 진지로 달아나니 강기슭의 군사는 진문을 열어 맞아들였다. 다시 격렬한 싸움이 벌어졌다. 조나라 군대는 정말로 성벽을 비워 놓고 한나라의 북과 기를 차지하려고 한신과 장이를 뒤쫓아 왔다. 그러나 한신과 장이가 강가의 진지로 들어간 뒤에는 한나라 군대가 죽기를 각오하고 싸우므로 도저히 무찌를 수 없었다.

한편 앞서 한신이 내보낸 기습병 2000명은 조나라 군사들이 성벽을 비워 놓고 전리품을 좇는 틈을 엿보아 조나라의 성벽 안으로 달려 들어가 조나라 기를 모두 뽑아 버리고 한나라의 붉은 기 2000개를 꽂았다.

조나라 군대는 이기지도 못하고 한신 등을 사로잡을 수도 없으므로 성벽으로 되돌아가려고 했다. 그러나 조나라 성벽에는 온통 한나라의 붉은 기가 꽂혀 있었다. 크게 놀란 조나라 병사들은 한나라 군대가 이미 조나라 왕의 장수들을 다 사로잡았다고 생각하여 어지럽게 달아났다. 조나라 장수들은 달아나는 병사들의 목을 베면서 막으려고 했지만 소용없었다. 한나라 군대는 조나라 군대를 크게 깨뜨리고 병사들을 사로잡았으며 성안군을 지수 부근에서 베고 조나라 왕 헐을 사로잡았다.

장수들이 적의 머리와 포로를 바치고 축하한 뒤, 한신에게 물었다.

"병법에는 '산과 언덕을 오른쪽으로 하여 등지고 물과 못을 앞으로 하여 왼쪽에 두라'고 했는데, 오늘 장군께서는 저희에게 도리어 물을 등지고 진을 치게 하면서 '조나라를 무찌른 뒤 다 같이 모여 실컷 먹자'고 하시기에 저희는 마음속으로 받아들이지 않았으나 마침내 이겼습니다. 이것은 무슨 전술입니까?"

한신이 대답했다.

"이것도 병법에 있는데 여러분이 알아차리지 못했을 뿐이오. 병법에는 죽을 곳에 빠뜨린 뒤라야 비로소 살릴 수 있고, 망할 곳에 둔 뒤라야 비로소 멸망하지 않을 수 있다는 말이 있잖소? 내가 평소부터 사대부를 길들여 따르게 할 수 있었던 것도 아니고 시장 바닥에 있는 사람들을 몰아다가 싸우게 한 것과 같으니, 그 형세가 죽을 땅에 두어 저마다 자신을 위하여 싸우게 하지 않고 살 수 있는 곳을 준다면 모두 달아날 텐데 어떻게 이들을 쓸 수 있겠소?"

장수들은 모두 탄복해서 말했다.

"훌륭하십니다. 저희는 미칠 수 없는 일입니다."

어떻게 하면 사람들의 투지를 끌어낼 수 있을까? 항우는 밥솥을 부수고 배를 침몰시키는 방법을 썼고 한신은 배수진을 썼다.

한신의 병사들은 본시 전투력이 강하지 않았다. 오합지졸인데다 수적으로도 열세였다. 그는 자기 부하들을 죽을 곳으로 몰아넣은 뒤에 그들에게 뒷길을 열어두지 않았던 것이다. 한신은 이런 방법으로 그들의 투지를 자극했다. 거기에 한신은 자신의 기이한 모략까지 덧붙이면서 이길 수 없는 싸움을 이겼다.

"호걸은 시달림 속에서 자라나는 법이다. 부잣집 자식들 가운데는 위대한 사내가 적다"는 말이 있다. 오로지 시련만이 인간으로 하여금 스스로 끊임없이 분투하고 개척하면서 자신의 잠재력을 최대한 발휘할 수 있게 하여 위대한 결과를 얻을 수 있도록 하는 것이다.

기묘한 전략으로 방연에게 복수한 손빈

손빈은 제나라의 아읍과 견읍 근처에서 태어났으며 손무의 손자이다. 손빈은 예전에 방연과 함께 병법을 배웠다. 방연은 공부를 마치고 위魏나라에서 벼슬을 하여 혜왕의 장군이 되었다. 그러나 그는 스스로 자신의 재능이 손빈을 따를 수 없다고 생각하여 몰래 손빈을 불렀다. 방연은 손빈이 도착하자, 그가 자기보다 뛰어난 것이 두려워 시기하여 죄를 뒤집어씌웠다. 방연은 손빈의 두 다리를 자르고 얼굴에 글자를 새겨 숨어 살게 하여 세상 사람들에게 알려지지 않도록 했다.

그 뒤 제나라 사자가 위나라로 갔을 때, 손빈은 형벌을 받은 몸이므로 몰래 제나라 사자를 만나 설득했다. 제나라 사자는 손빈이 대단한 사람이라고 여겨서 몰래 수레에 태워 제나라로 돌아왔다. 제나라 장군 전기는 그의 재능을 알아보고 빈객으로 예우해 주었다.

당시 전기는 제나라 공자들과 자주 마차 경주 내기를 하였다. 손빈은 말들이 달리는 속도에는 별 차이가 없지만 말에 상, 중, 하 세 등급이 있음을 알고 전기에게 이렇게 말했다.

"내기를 크게 거십시오. 장군이 이길 수 있도록 해 드리겠습니다."

전기는 손빈의 믿고 제나라 왕과 여러 공자에게 천 금을 건 내기를 했다. 경기가 시작되려 하자 손빈이 말했다.

"장군의 하급 말과 상대편의 상급 말을 겨루게 하고, 장군의 상급 말과 상대편의 중급 말을 겨루게 하며, 장군의 중급 말과 상대편의 하급 말을 겨루게 하십시오."

세 등급 말의 시합이 끝난 결과 전기는 첫 번째는 지고, 두 번째, 세 번째는 이겨 천 금을 얻었다. 전기는 손빈을 제나라 위왕威王에게 추천하고, 위왕은 그에게 병법을 묻고는 마침내 군사로 삼았다.

그 뒤 위나라가 조나라를 치자 조나라는 다급하여 제나라에 도움을 요청했다. 제나라 위왕이 손빈을 장군으로 삼으려고 하자 손빈이 이렇게 말하며 사양했다.

"형벌을 받은 사람은 장군이 될 수 없습니다."

그래서 위왕은 전기를 장군으로 임명하고, 손빈을 군사로 삼아 휘장을 친 수레에 앉아 작전을 세우도록 하였다. 전기가 병사들을 이끌고 조나라로 가려 하자 손빈이 이렇게 말했다.

"어지럽게 엉킨 실을 풀려고 할 때는 주먹으로 쳐서는 안 되며, 싸우는 사람을 말리려고 할 때도 그 사이에 끼어들어 주먹만 휘둘러서는 안 됩니다. 급소를 치고 빈틈을 찔러 형세를 불리하게 만들면 저절로 물러날 것입니다. 지금 위나라와 조나라가 서로 죽을 힘을 다해 싸우고 있으니, 날쌘 정예 병사들은 틀림없이 모두 나라 밖으로 빠져나가고 쇠약하고 지친 자들만 나라 안에 남아 있을 것입니다. 그러니 장군께서는 병사들을 이끌고 빨리 위나라 수도 대량으로 쳐들어가 중요한 길목을 차지하고 텅 빈 곳을 치십시오. 그러면 그들은 틀림없이 조나라 공격을 멈추고 자기 나라를 구하러 들어올 것입니다. 이렇게 되면 우리는 한 번 움직여 조나라의 포위망을 풀어 주고 위나라를 황폐하게 할 수 있습니다."

전기가 손빈의 계책을 따르니 위나라는 정말 조나라의 수도 한단에서 물러났다. 제나라 군대는 계릉에서 위나라 군대를 크게 무찔렀다.

그로부터 십삼 년 뒤에 위나라와 조나라가 함께 한韓나라를 공격하자 한나라는 제나라에 위급함을 호소했다. 제나라에서는 전기를 장군으로 삼아 내보냈다. 전기는 곧장 대량으로 쳐들어갔다.

위나라 장군 방연은 이 소식을 듣고는 한나라 공격을 그만두고 돌아갔으나, 제나라 군사는 방연보다 한 발 앞서 위나라 국경을 넘어 서쪽으로 들어가고 있었다.

손빈은 전기에게 이렇게 말했다.

"저 삼진三晉의 위나라 병사들은 원래 사납고 용감하며 제나라를 무시하고 제나라 군사들을 겁쟁이라고 부르고 있습니다. 싸움을 잘하는 사람은 그 형세를 잘 이용하여 유리하게 이끌어 나갑니다. 병법에 '승리를 좇아 백 리 밖까지 급히 달려가는 군대는 상장군을 잃게 되고, 승리를 좇아 오십 리 밖까지 급히 달려가는 군대는 겨우 절반만 목적지에 이른다'라고 하였습니다. 우리 제나라 군대가 위나라 땅에 들어서면 첫날에는 아궁이 10만 개를 만들게 하고, 다음 날에는 아궁이 5만 개를 만들게 하며, 또 그 다음 날에는 아궁이 3만 개를 만들게 하십시오."

방연은 제나라 군대를 뒤쫓은 지 사흘째가 되자 몹시 기뻐하며 말했다.

"나는 일찍이 제나라 군사가 겁쟁이인 줄은 알고 있었지만 우리 땅에 들어온 지 사흘 만에 달아난 병사가 절반을 넘는구나."

그러고는 그의 보병들은 따로 남겨 둔 채 날쌘 정예 부대만을 이끌고 이틀 길을 하루 만에 달려 급히 뒤쫓았다. 손빈이 방연의 추격 속도를 헤아려 보니 저녁 무렵이면 위나라의 마릉에 이를 것 같았다. 마릉이 길이 좁은데다가 길 양쪽으로 험한 산이 많아 병사들을 매복시키기에 좋았다. 손빈은 길 옆에 있던 큰 나무의 껍질을 벗겨 내고 흰 부분에 이렇게 써 놓았다.

'방연은 이 나무 아래에서 죽을 것이다.'

그러고는 제나라 군사 중에서 활을 잘 쏘는 사람들을 골라 쇠뇌 1만 개를 준비시켜 길 양쪽에 매복시키고 이렇게 말했다.

"밤에 불빛이 보이면 일제히 쏘도록 하라."

방연은 정말 밤이 되어서 껍질을 벗겨 놓은 나무 밑에 이르렀다. 그는 흰 부분에 씌어 있는 글씨를 발견하고는 불을 밝혀 비추어 보았다. 방연이 그 글을 미처 다 읽기도 전에 제나라 군사들은 한꺼번에 수많은 쇠뇌를 쏘아 댔다. 위나라 군사들은 우왕좌왕하며 뿔뿔이 흩어졌다. 방연은 자신의 지혜가 다하고 싸움에서 진 것을 알고는 이렇게 말했다.

"결국 어린애 같은 놈의 이름을 천하에 떨치게 만들었구나!"

그러고는 스스로 목을 찔러 죽었다. 제나라 군대는 승리의 기세를 몰아 위나라 군대를 전멸시키고 위나라 태자 신을 포로로 잡아 돌아왔다. 손빈은 이 일로 해서 천하에 이름을 떨쳤으며 그의 병법이 세상에 전해지게 되었다."

방연은 죽을 수밖에 없었다. 그는 심보가 고약한 인간이었다. 손빈의 재능을 시기하다 못해 그를 모략하여 불구를 만들었다.

손빈은 적의 주력을 피하면서 취약한 곳만 골라 공격하는 원칙을 잘 알고 있었다. 그는 두 차례에 걸쳐 방연을 희롱하다가 급기야는 목숨까지 잃게 만들었다.

또 어리석은 방연은 계릉 전투에서 이미 위나라를 포위함으로써 조나라를 구하는 손빈의 계책에 걸려 참패를 당한 적이 있었다. 하지만 그는 '모든 일에 항상 대비를 해야 한다'는 교훈을 잊어버리고 말았다. 한나라를 공격할 때에도 도성을 수비할 수 있는 충분한 병력을 남기지 않고 다시 손빈의 계책에 걸려들고 말았다. 그래서 그는 마릉에서 삶을 마감해야 했다.

간단하게 춘추전국시대 이해하기

Ⅰ. 춘추전국시대春秋戰國時代의 태동

춘추전국시대는 주周나라가 수도를 동쪽 낙양洛陽으로 천도한 기원전 770년에서 진秦이 중국을 통일한 기원전 221년까지의 혼란기를 말한다. 춘추시대春秋時代는 기원전 770년 시작하여 한韓, 위魏, 조趙가 진晉을 3분하여 독립한 기원전 403년으로 끝난다. 춘추시대라는 명칭은 공자가 저술한 '춘추春秋'에서 유래하였다. 전국시대戰國時代는 춘추시대의 종말을 시점으로 하여 진秦의 중국통일을 끝으로 한다. 전국이라는 명칭 역시 '전국戰國'이라는 책에서 유래하였다.

Ⅱ. 춘추오패春秋五覇

춘추시대 형세도

춘추오패라는 말은 춘추시대 열국列國의 패권을 잡은 다섯 제후를 가리킨다. 주 왕실의 권위가 실추되고 각 중원제후국이 서로 침략을 일삼고 있을 때 이들이 오랑캐라고 멸시하던 초楚가 남방에서 강성해지자 제후들은 제국을 다스려 봉건제를 유지하기 위한 강력한 권력을 필요로 하였다. 그러나 기존의 이러한 역할을 하던 주왕은 권위가 실추되어 존왕양이尊王攘夷, 계절존망繼絶存亡이라는 말 아래 주왕을 대신하여 만이蠻夷를 토벌하는 패자가 등장하게 되었다. 그러나 두 번째 패자 진 문공晉文公 이후 패자의 성격은 변질하여 중원제후가 아닌 남방의 만이들도 패자를 칭하게 되어 존왕양이의 성격도 희미해져가고 점점 더 주왕을 핍박하고 주 왕권을 부정해 나갔다. 춘추시대의 다섯 패자는 여러 가지 설이 있지만 조기趙岐의 설을 들어 제 환공齊桓公, 진 문공晉文公, 진 목공秦穆公, 초 장왕楚莊王, 송 양공宋襄公으로 한다.

1. 제 환공(재위 BC 685 ~ BC 643)

환공은 최초로 패자 칭호를 얻은 제齊의 임금이다. 관중을 중용하여 재상으로 삼고 정치, 군사, 경제 개혁을 단행하였으며 '존왕양이'를 주창했다. 환공은 동해의 지리적 이점을 이용하여 제나라를 강국으로 발전시켰으며, 산융山戎을 정벌하여 연燕을 구하고 적나라를 평정하여 형邢, 위衛를 지켜 주었다. 그리고 기원전 656년 노魯, 송宋 등 8개국 연합군을 이끌고 지금의 하남지역인 소릉에서 남방의 초楚를 격퇴하여 초의 북진을 저지함으로서 패자의 지위를 얻었다. 기원전 651년, 환공은 규구에서 노魯, 송宋, 정鄭, 위衛, 허許, 조曹 등의 제후들과 회맹하면서 패자의 지위를 굳건히 하였다. 제환공은 43년의 재위기간 동안 26차례의 회맹을 주재하였다. 그러나 관중 사후 관중의 유언을 무시하여 자신이 등용한 간신들에 의해 비참한 최후를 맞게 되었고 후에 내란이 일어나는 빌미를 제공하였다.

2. 진 문공(재위 BC 635 ~ BC 628)

부친인 헌공 사후 치열한 내전을 겪으면서 19년간의 망명생활을 겪으면서 진 목공의 도움을 받아 62세에 군위에 올랐다. 군위에 오른 후 조쇠, 호외, 선진 등의 현신을 등용하여 국력을 증가시켰다. 이후 주양왕이 왕실의 내란으로 정나라로 피신하자 주양왕을 도와 난을 평정하였다. 이어서 기원전 632년 송宋의 원조요청을 받아들여 북진을 노리는 초楚를 성복전투에서 크게 이겨, 전후 천토에서 주양왕을 맞아 제후들과 회맹을 맺었다. 그리하여 문공은 춘추시대 두 번째 패자가 되었다. 문공은 비록 8년간 재위하였으나 재위기간 동안 현신을 많이 등용하여 국력을 증강시켜 사후에도 패업이 계속되었다.

3. 진 목공(재위 BC 660 ~ BC 621)

목공은 이름이 임호이며 성은 영으로 진秦 역사상 가장 유명한 군주가 되었다. 재위기간 중 국정을 정비하고 지금의 감숙, 영하지방까지 세력을 확장하여 발전하기 시작했다. 재상 백리해와 건숙을 등용하여 국정을 정비하였고 동으로는 하서지방을 차지하고 서로는 서융西戎을 정벌하여 패자가 되었다. 목공은 신분고하 국적을 가리지 않고 인재를 등용하여 백리해와 건숙을 얻을 수 있었으며 망명생활 중이던 진 문공을 후하게 대접하였다. 진 문공의 동생인 진 혜공에게 두 번이나 속으면서도 흉년이 든 진晉나라 백성을 위해 곡식을 빌려주었다. 그러나 죽으면서 수백 명을 같이 순장하여 사기의 저자인 사마천으로부터 혹평을 받았다.

4. 초 장왕(재위 BC 614 ~ BC 591)

성은 웅이고 이름은 여이다. 재위 초 간언하는 자는 참수하겠다고 말하면서 삼년 동안 국정을 제쳐두고 방탕한 생활을 하였으나 오거와 소종을 간언을 받으면서 부패한 신하를 숙청하고 간언한 신하를 중용하면서 국력을 신장시켰다. 기원전 606년 낙양부근까지 쳐들어 온 융戎을 토벌하고 낙수 변에 군대를 진주시켜 주왕실을 위협하였다. 그 후 기원전 597년 정鄭과 송宋을 굴복시키고 필의 전투에서 진晉에게 대승하면서 패자의 지위를 확립하였다. 그는 존왕양이와는 상관이 없는 인물이었으나 진陳, 정鄭 등의 나라를 압박하면서도 멸망시키지 않았다.

5. 송 양공(재위 BC 650 ~ BC 637)

성은 미이며 이름은 자보이다. 배다른 형 목이를 재상으로 삼고 바른 정치를 펴 나라를 안정시켰다. 기원전 642년 제 환공이 죽기 전 셋째 아들인 소의 뒤를 돌봐달라는 부탁을 받아 환공 사후 제후들의 연합군을 이끌고 두 차례나 제나라에 들어가 후계자 쟁탈전을 진압하여 소를 옹립하여 제의 군위에 올렸다. 이 일은 양공의 야심을 일으켜 목이의 간언을 무시하고 제후들과 회맹하려 하였으나 초의 방해로 실패했고 오히려 초 성왕이 그를 체포하였다가 강화조약을 맺고 풀어주었다. 돌아온 양공은 초의 속국처지였던 정鄭을 치고자 군대를 일으켜, 초나라와 홍수에서 일전을 벌이게 되었다. 그러나 양공은 헛된 인정을 베풀어 싸움에서 대패하였고 그 상처로 2년 후 사망하였다. 양공은 비록 초에게 대패하였지만 나름대로 회맹을 주재하였고 주왕실에 충성을 바쳤기 때문에 춘추오패 중 하나로 평가받고 있다.

III. 전국칠웅戰國七雄

전국시대 형세도

전국시대에 들어오면서 서주 이래의 제후국은 거의 멸망하고, 그들을 병합한 강대한 7개국이 서로 대치하게 된다. 그 7개국은 진晋이 셋으로 나뉜 한韓, 위魏, 조趙의 3개국과 전씨가 강씨를 몰아낸 제齊, 연燕, 초楚, 진秦인데 이 7개국을 일컬어 전국칠웅이라 한다. 이들은 모두가 스스로 왕을 자칭하였고 관료기구를 정비하면서 국내체제의 개혁을 단행하였으며 타국에 대항하기 위해 국적과 신분에 상관없이 인재를 등용하였다. 이 중에서도 서방에 자리하고 있던 진秦은 적극적인 정치개혁에 의하여 부국강병에 힘써 마침내 중국을 통일할 수 있었다.

1. 제齊

진陳나라에서 제나라로 망명한 대부 전씨가 기원전 5세기의 전걸田乞, 전상田常 부자시대에 점차 제나라의 실권을 잡고, 기원전 391년에 전화田和가 주왕으로부터 정식으로 제후로서 인정을 받아 성립된 나라이다. 본래의 제(강태공이 세운 춘추시대의 제)와 구별하여 전제田齊라고 한다. 제의 영토는 산이나 바다의 물산이 풍부하였고 도읍지인 임치는 대상업 도시로서 번창하였다. 특히 위왕威王, 선왕宣王 시대가 전성기였으며, 타국으로부터 많은 학자들이 모여들어 왕의 조언자가 되었다. 이웃나라인 연燕, 위魏와 대립하였다. 기원전 3세기 말에 서쪽으로부터 진秦의 통일의 손길이 뻗쳐서 기원전 221년 마침내 진에 항복하였다.

2. 조趙

조씨는 춘추시대에는 진晉의 유력한 귀족의 하나였으나, 기원전 5세기에 이르자 한韓, 위魏씨와 함께 진의 영역을 3분하는 세력으로 성장하여 기원전 403년에는 제후로서 공인되었다. 조의 전성기는 무령왕武靈王의 시대로서 기마전법을 채용하고 무력적 정복을 거듭하여 북변에 도읍을 설치하였다. 다른 전국 열강과 더불어 조왕趙王이라고 칭하기 시작한 것도 이 왕의 시대이다. 그러나 아들 혜문왕惠文王 시대에 이르자 진秦의 침공이 격심하여져 도읍을 진양晉陽에서 한단邯鄲으로 옮겼으나 기원전 228년 결국 진군에게 점령되고, 망명한 왕자 가嘉도 얼마 후에 붙잡혀서 조는 멸망하고 말았다.

3. 초楚

춘추시대 오나라의 침공 이후 국력이 쇠퇴하였으나 오나라가 월나라에 망하고, 또 월나라가 쇠퇴해지자 다시 세력을 회복, 장강 중하류를 모두 차지하는 강국으로서 전국칠웅의 하나가 되었다. 특히 위왕威王은 기원전 334년에 월越나라를 멸하고 제齊나라 군사를 격파하여 세력을 중원으로 뻗치는 동시에, 영토를 사방으로 확대하였다. 초는 칠웅 가운데서 영토가 가장 컸을 뿐만 아니라 인구도 가장 많았다. 그러나 점차 진秦의 압박을 받아 기원전 278년 수도 영이 함락되자 진陳으로 천도하였고, 다시 기원전 241년 수춘으로 옮겼으나 기원전 223년 결국 진에게 망하고 말았다.

4. 한韓

한씨韓氏는 진晉의 유력귀족이었다. 기원전 453년에 한강자韓康子가 조趙, 위魏씨와 함께 진의 영토를 3분하여, 기원전 403년에 제후로 승인

되어 독립국이 되었다. 도읍은 평양平陽이었으나 뒤에 이양宜陽으로 옮기고, 다시 기원전 375년에 애후哀侯가 정鄭을 멸하고 신정新鄭으로 천도하였다. 기원전 355년 소후昭侯는 신불해申不害를 재상으로 삼아 관료체제를 정비하고 부국강병책을 취하여 중원의 강국으로서 부상. 기원전 325년에는 왕호王號를 칭하였으나, 얼마 후 진秦, 초楚의 압박을 받아 합종合從, 연횡連衡을 거친 후 기원전 230년 마침내 진에게 멸망되었다.

5. 연燕

주 무왕周武王의 동생 소공 석이 세워 기원전 222년에 망하기까지 그 국세에 비해 전국시대 말기까지 장수한 나라다. 춘추시대 제 환공 시절에는 제의 도움을 받기도 하였고 전국시대에는 널리 인재를 받아들여 명장 악의가 등장하여 제를 공격하여 국세를 떨쳤고 소진이 등장하여 합종을 주도하기도 하였다. 후에 진秦에서 도망쳐온 장군 번어기를 받아들이고 태자 단이 형가를 시켜 진왕 정(진시황)을 암살하려다 실패하여 기원전 222년 진에게 멸망하였다.

6. 위魏

위씨는 한, 조씨와 함께 진晉의 귀족이었다. 기원전 453년 위의 환자桓子가 한韓, 조趙와 더불어 실질적으로 진나라를 3분하고, 기원전 403년 제후로서 독립이 공인되었다. 위는 안이安邑에 도읍을 정하였다. 초대 위 문후魏文侯는 중앙집권체제 확립과 부국강병에 힘을 기울이고 농업생산력의 증진을 위해 관개사업을 크게 벌였다. 또한 명장 오기吳起를 등용해서 진秦을 공격하고 중산中山, 대량大梁을 공략해서 멸망시켰으며, 초楚를 공격하는 등 전국 초기에는 위세를 떨쳤다. 그러나 점차 진秦에게 눌려, 기원전 361년 대량으로 천도하고, 기원전 329년 상군上郡 15현縣을 진나라에 헌상하여 화의를 청하였다. 한때 신릉군信陵君의 활약으로 5개국 연합군으로 함곡관으로 나아가 진을 위협하였으나, 결국 기원전 225년 진왕 정에게 의해 멸망하였다.

7. 진秦

진秦은 춘추오패 중 하나인 진 목공이래로 전국시대까지 이어졌다. 기원전 362년 효공孝公이 왕위에 오르자 상앙商鞅을 등용해 변법을 시행하여 내정개혁으로 국력을 크게 증대시키면서 수도를 함양咸陽으로 옮겼다. 진의 강력함에 위기를 느낀 열국은 합종合縱하여 진을 막았으나 진 혜문왕은 장의張儀로 하여금 연횡을 성립하게 하였다. 소양왕昭襄王때 이르러 성도成都 부근에 운하를 열고, 백기白起를 시켜 기원전 278년에 초를 공격하여 수도 영落을 함락시켰다. 후에 백기가 장평전투에서 조군 40만을 대파하고 한단에 육박하였으나, 초楚나라와 위魏나라의 원군이 투입되어 포위망을 풀고 철수하였다. 소양왕은 범수范睢를 등용한 뒤부터 연횡을 버리고 원교근공遠交近攻으로 전환하였다. 이에 주왕

난은 열국을 합종하여 진나라를 칠 계획을 세웠고, 이를 안 진秦은 주를 공격함으로써 주는 멸망하였고, 7년 후에는 동주군東周君도 멸망하였다. 기원전 247년에 어린나이로 진왕 정이 즉위하여 태후가 섭정하였으나 후에 친정하여 재상 여불위呂不韋 등을 제거하고 이사李斯와 같은 인재를 등용하면서 여전히 전국의 최강국자리를 지켰다. 진군은 기원전 230년에 한韓을 멸망시키고, 조趙, 연燕, 초楚, 위魏, 제齊의 순으로 6국을 통일하면서 통일제국을 이루었다. 진왕 정은 황제가 되어 진시황이라 하였다. 그러나 진시황 사후 제국은 다시 어지러워져 통일 15년 만에 진왕 자영이 유방에게 항복함으로써 멸망하였다.

IV. 춘추전국시대의 종말

춘추시대는 기원전 453년에 삼진三晉 즉 한, 위, 조가 진을 삼분하며 독립국이 되면서 끝났다. 전국시대 역시 진秦이 열국을 멸망시키면서 기원전 221년 종말을 고했다. 진왕 정은 통일 후 스스로 시황제라 칭하고 강력한 중앙집권정책을 추진하여 법령의 정비, 전국적인 군현제 실시, 문자 · 도량형 · 화폐의 통일, 전국적인 도로망의 건설, 구 6국의 성곽 요새의 파괴 등을 강행하였다. 또한 만리장성을 쌓아 흉노의 침입을 막고 아방궁을 지었다. 그러나 사상의 통일을 위해 분서갱유焚書坑儒를 단행하고 대규모 공사를 벌이는 등 백성들의 불만을 샀다. 기원전 210년 지방 순시 중 죽었으며 그가 죽고 내분이 일어나 진나라는 통일된 지 16년 만에 망하고 말았다. 이 후 항우와 유방의 초한전쟁을 거쳐 통일 제국 한漢이 성립하였다.

V. 춘추전국시대의 사회

춘추전국시대는 열국이 서로 경쟁하면서 부국강병을 추구하던 시기였다. 그로 인해 관료제의 정비와 봉건제에서 군현제로의 변화를 볼 수 있고, 하극상의 풍조가 만연하였으며 철기를 사용하기 시작하면서 생산력 또한 증대하였다. 전국시대에는 거대도시가 등장하고 상공업이 발달하기 시작하였다.

1. 국군國君의 암살과 추방

주周대의 봉건제도는 주왕을 중심으로 하여 제후들이 주왕을 떠받들었다. 그러나 춘추시대에 이르러 봉건제가 동요하여 주왕과 제후의 관계가 역전되는 경우가 종종 나타났다. 춘추春秋의 경문에 의하면 신하에 의한 주군의 암살을 "그 군君 모某를 시弑하다"로 기재하고 있는데 이러한 예가 25번이나 보인다. 또 "시하다"로 기재되어 있지 않은 경우도 분명히 암살된 것으로 볼 수 있는 예가 있어 이것을 합치면 무려 34번에 이른다. 그리고 이러한 경우는 대국과 소국 가릴 것 없이 거의 모든 국가에서 일어나고 있다. 이처럼 춘추시대에는 군주의 암살이나 추방이 빈번히 일어나 군주의 지위는 극히 불안정한 것이었다. 이렇게 군주권위가 저하하고 있는 다른 편에서는 신하측이 착실히 권력을 쌓아가고 있었다.

2. 대부大夫와 사士의 대두

춘추시대의 제국에서는 거의 예외 없이 신하인 대부나 사의 대두가 보이며 그 가운데서도 하위인 자가 국정의 실권을 장악하는 경향이 일어나고 있다. 특히 이러한 성향은 노魯와 제齊, 진晉에서 전형적으로 보인다.

노에서는 먼저 노 환공에게서 분가한 삼환씨에게 국정의 실권이 넘겨지고 나중에는 그 삼환의 가신인 사가 그 실권을 장악하게 되는 사태가 벌어지고 말았다. 제에서는 공족에서 나뉜 국시와 고씨가 오랫동안 국정을 담당하였는데 이 실권은 나중에 다시 최서와 경봉에게 넘어갔다. 그 최서도 경봉에게 공격당하고 경봉도 제대부에게 공격받아 타국으로 망명하게 된다. 그 뒤에는 전씨가 대두하면서 점차 민심을 얻어 국군의 폐립을 마음대로 하고 대부들을 추방하면서 결국에는 제후의 열에 오르면서 제를 전씨의 것으로 만들었다. 진에서도 제와 마찬가지로 진문공 이후 대부 조순이 권력을 잡았고 후에 난씨 또 나중에는 한, 위, 조, 중행, 범, 지씨들이 국정을 담당하게 되었다. 그렇지만 이들 중에서도 중행과 범씨가 탈락하고 나중에는 한, 위, 조 3씨가 지씨를 멸망시키면서 나중에는 제후로 인정받아 진을 3분하고 만다. 춘추시대는 봉건제가 내부로부터 붕괴되고 새로운 세력이 대두되어 갔고 이 새로운 세력들이 봉건제를 대신하는 새로운 체제를 형성해갔다. 그것이 바로 군현제이다.

3. 현縣의 설치

진한시대의 현은 군주가 관료를 임명하여 통치하는 직할지인데 춘추시대의 현은 아직 그러한 형태를 지닌 것으로는 보이지 않는다. 춘추시대의 현은 채읍과 비슷한 측면을 가지고 있는데 예를 들면 진晉의 현은 유력한 대부에게 은상으로서 주기도 하고 몇 대에 걸쳐 세습되기도 하는 경우조차 있다. 진의 원原, 온溫, 주州의 3현 중 원과 온은 한때 조씨에게 세습되고 있다. 그리고 3현 모두 조씨 이외 고, 낙, 극, 난씨 등 당시 유력한 대부에게 관리되고 있는 것이다. 초의 경우도 신현申縣의 관리자인 신공은 투씨 등에게 세습시키고 있으며, 또한 일반적으로 현의 관리자는 왕족 출신이 많다.

그런데 채읍과는 다른 측면도 발견된다. 먼저 세습된다고 하여도 채읍과 같이 한 대부의 가에 오래도록 보유되는 경우가 드물며 또한 채읍화는 구래의 국의 내부조직에 변화가 없이 행해지고 있지만 현화는 내부조직의 개혁이 수반되고 있다. 그것을 보여주는 것이 바로 진의 과연현이나 초의 권權, 진陳, 채의 현화에서 보이는 주민의 이주이다. 이 내부개혁으로 인한 현화에는 군사적 요청이 강했던 것으로 여겨지는데 진晉에서는 기원전 6세기 후반 49개의 현에서 각각 100승의 전차를 낼 수 있는 능력이 있었음이 강조되고 있다. 또 초에서는 신과 식의 2현에서 징발된 군대는 방위상 중요한 군대로 특별히 '신, 식의 사'로 칭해지고 있다. 즉 춘추시대의 진晉이나 초의 현은 종래의 국이나 채읍이 군사적으로 재편되어 이러한 현이 진한시대의 현으로 이어지고 있는 것이다.

진晉이나 초楚 이외의 춘추시대 현은 역사서에 보이는 것이 적어 명확한 것을 알 수 없다. 또한 춘추시대의 현이 곧바로 전국시대의 현으로 이어지는 것의 여부 또한 명확히 알 수 없다.

4. 국내체제의 개혁

전국에 이르러 멸국의 진행으로 강대한 일곱 나라가 서로 대치하게 된다. 이들이 소위 말하는 전국칠웅이다. 이들은 모두 국내체제의 개혁을 통해 타국에 대항하려 했다. 전국시대 들어 최초로 개혁을 단행한 자는 위 문후이다. 문후는 유능한 인재를 등용하여 중앙과 지방의 장관에 임용하였다. 그 등용법은 능력을 중요시한 것으로 신분을 묻는 것이 아니었다. 문후에게 임용된 이회는 "지력地力을 다하는 가르침"을 실행하여, 토지의 생산력을 최대한으로 이용함으로써 농업생산의 증가를 도모하였다. 이어 '평적법'에 의해 곡물의 가격을 안정시켜 도시주민과 농민의 생활을 보증하였다. 이 시책에 의해, 위의 군현체제는 경제적으로 안정하게 되었다고 생각된다. 이회는 또 법경을 제정하여 법률을 종래의 관습법에서 성문법으로 개정하였다. 이로써 위의 관료에 의한 지배는 확실한 근거를 갖게 되었다. 위는 이러한 이회의 개혁에 의해 전국 초기 가장 부강한 나라가 되었다.

초楚에서는 기원전 4세기 전반에 도왕이 다른 나라 사람인 오기를 임용해 국정개혁을 단행했다. 오기는 귀족층을 누르고 토지개혁을 단행하였으며, 능력에 따른 관료임용을 도모하였다. 개혁은 도왕의 치세 중 성과를 거두었으나, 왕의 죽음과 함께 귀족층의 반격으로 오기는 살해되고 말아 개혁이 제대로 이루어지지 못하고 끝나고 말았다.

제齊는 기원전 4세기 후반 위왕, 선왕 시대에 국내외로부터 학자를 초빙하여 도성인 임치의 직문 밖에 저택을 제공하여 제왕의 브레인 역할을 수행케 하였다. 특히 위왕은 지방관의 임용에 특별히 주의를 기울였다. 위왕은 지방관의 정치에 생산증강과 민생의 안정을 중시하여 엄격한 치적평가를 행하였기 때문에 나라가 크게 다스려졌다.

이밖에 한韓, 조, 연 등에서도 유능한 인재의 등용이 도모되고 있으며, 국정의 개혁이 행해졌다. 그러나 그 구체적 시책이 불명하여 성과가 있었는지는 알 수 없다.

칠웅 가운데 가장 국정개혁의 성과를 올린 자는 진 효공이다. 효공은 인재 등용에 힘써 상앙商鞅을 임용하여 개혁을 추진하였다. 상앙은 개혁을 통해 타국과 마찬가지고 국내체제를 공고히 하고 타국에 대항할 수 있는 국력을 쌓아올리는 것이었다. 그의 개혁은 철저하고 엄격하여 법률을 정비하고, 체제강화의 시책을 하나씩 실행하기 시작했다. 분이分異의 법'에 의해 개별가족의 분석을 촉진시키고, 그 위에 시오제와 연좌제를 실시하여 서로 감시케 함으로써 민에 대한 지배를 강화하였다.

그리고 집락을 재편하여 31(또는 41)현을 두어 령令, 승丞, 위尉 등의 지방관을 두었다. 한편 토지구획을 바꾸어 천맥제를 시행하여 농업 생산활동을 보증하였으며 도량형의 통일을 행하여 국내의 경제적 획일화를 추진하고 있다.

이와 같이 상앙은 군사, 행정, 생산의 각 부문에서 철저하게 민의 재편을 행함으로써 진의 군현제의 과정을 크게 진전시켰다. 상앙은 효공의 죽음과 함께 귀족층의 반격으로 처형되었지만 상앙의 변법은 계속 이어져 진秦의 전국통일의 기초가 되었다.

VI. 춘추전국시대의 제자백가와 주요인물

제자백가諸者百家

중국 춘추전국시대(BC 8세기~BC 3세기)에 활약한 학자와 학파를 총칭한다. 그 사상은 유가 도가 묵가 법가 사상으로 대분되며 이는 동양사회를 오랫동안 지배해온 근본이 되었다.

유가儒家

대표적인 사상가 : 공자, 맹자, 순자

사상의 근본은 仁(인)이 바탕임 이 '인'은 묵가의 것과는 달리 사람을 인정하고 사랑하되, '가려서 사랑해라' 라는 것이 특징이다. 인(내면적 도덕성)과 예(외면적 사회규범)를 중시하며 또한 예의를 매우 중요시한다. 사회적으로 신분을 명확히 구분하고 그 신분에 맞춰 인과 예를 행하자는 뜻과 효제충신은 효도, 우애, 충성, 신의를 아울러 이르는 말이다.

유가의 학문은 그 관심의 폭은 넓지만 요점을 선택하기가 어려워 번거롭기만 하고 그 효용이 적다.

도가道家

대표적인 사상가 : 노자, 장자

도道는 자연의 법칙이다. 사상의 근본은 무위자연無爲自然을 설파한다. 가식적인 것은 모두 해가 되는 것이라 하여, 정신을 지나치게 쓰면 메마르고 육신을 지나치게 쓰면 쇠잔해 지는 법이다. 정신과 육체를 함부로 소진시키면서 천지의 법칙 속에 영원히 존재 하려는 것은 불가능한 일이라는 초자연적 학문.

유가의 사상을 비판하고 자연의 섭리를 주장하며 아무것도 인위적으로 만들지 말아야 한다고 주장한다. '노장 사상'이라고도 한다.

도가는 사람의 정신을 하나로 모이게 하며 보이지 않는 도와 조화되는 행동을 가르쳐 만물의 자족함을 강조 한다. 그 가르침은 음양가의 큰 법칙 속에서 유가儒家와 묵가의 장점을 취하였으며, 법가의 요점을 채택하여 시간과 사물의 변화에 따라 적절히 대응 하도록 하며, 또한 가르침은 간략하여 행하기가 쉽고 노력에 비해 성과는 크게 된다는 것이다.

법가法家

대표적인 사상가 : 한비자

법가는 말 그대로 '법'을 중시하는 학파이다. 나라가 혼란할 시절, 사람들을 효과적으로 다스리기 위해서 법의 강력한 지배와 통치를 강조한 학문 특히 진나라 시황제가 법가사상을 채택 하여 천화통일의 밑거름으로 삼았다.

무엇이든지 '법'대로 처리하며, 형벌과 여러 가지 강경책을 사용한 것으로 유명하다. 한비자는 매우 엄격하며 인애가 없다. 그러나 군신 상하의 본분을 바르게 잡은 가르침은 매우 중요한 것이다.

묵가墨家

대표적인 사상가 : 묵자

사상의 근본은 '모든 사람은 평등하다'라는 원칙을 고수 많은 사상들과 일맥상통하는 데가 있으나 유가와는 달리 사람을 구분하지 않고 모두 사랑해야 한다는 이념이다.

유가는 차별적인 사랑을 주장하고 묵자는 차별 없는 사랑을 주장하는 것이 특징이다.

이 학문은 지나치게 절약과 검소만을 내세우기 때문에 그 가르침을 완전히 실천에 옮기기란 참으로 어려운 일이 아닐 수 없으나 그러나 생산의 소중함과 생활의 검약함을 강조한 내용은 버릴 수 없다.

음양가陰陽家

대표적사상가 : 추연, 추석

음양설을 신봉하던 학파로 춘추전국 시대 때 제나라의 추연, 추석 등이 그 대표적 사상가이다. 천체의 운행이나 사계절의 변화 들 자연현상의 법칙을 설명하며, 인간생활도 거기에 따라야 재해를 입지 않고 복을 얻을 수 있다고 주장한 학파이다.

명가明家

대표적사상가 : 공손룡, 등석

전국시대에 변자찰사로 불린 이들로 명과 실의 일치, 불일치 관계를 중시하여, 세상이 혼란한 이유가 거기에 있다고 주장하며 명실합일을 외쳤다. 궤변론자들로 유명하다.

종횡가從橫家

대표적사상가 : 소진, 장의

합종연횡(서로연합 결탁하는 전략)의 책략을 내세워 이 이름이 붙었다.

잡가雜家

다른 학파의 학설을 자유롭게 채택하여 필요한 것만 뽑아 하나의 사상을 구성한 학파

농가農家

농업을 중시하고 농경에 힘써야 국가가 발전한다고 주장한 제자백가의 한 학파

주요 인물

관중

기원전 785년 제나라 양공이 피살되자 공자 소백과 규는 서로 군주가 되기 위해 다투었다. 그때 포숙은 소백을 보좌하고 관중은 규를 보좌했다. 규는 관중에게 군대를 인솔하여 거에서 소백을 막도록 했다. 관중은 활을 쏘아 소백의 허리띠를 맞혔다. 그 뒤 소백은 먼저 제나라로 가서 군주가 되었는데 이가 바로 환공이다. 환공이 즉위한 뒤 포숙은 관중을 추천하여 경이 되도록 했다. 환공은 예 원수인 관중을 재상으로 삼았다. 관중은 삼십 년 동안 재상 자리에 있으면서 정치, 경제 , 군사 등 모든 방면에 대대적인 개혁을 단행하여 환공이 춘추시대의 첫 번째 패자가 되는 데 크게 기여하여 춘추시대 최고의 군사로 꼽힌다.

안영

춘추시대 제나라의 영공, 장공, 경공 등 세 대에 걸쳐 재상을 지내며 오십 년 동안 집정하면서 제나라를 중흥시켜 제후들 사이에 이름을 떨쳤다. 그는 2인자 행동 미학의 귀감을 보여 결단력과 슬기와 해학이 넘쳤고, 제갈공명이 극찬할 만큼 내치에도 뛰어났다. 그는 평생 동안 단 한 번도 긴장을 풀지 않았다고 하며 삼십 년 동안 옷 한 벌로 생활할 만큼 검소했다. 그러면서도 직언을 서슴지 않은 명재상이다.

상앙

전국시대 중기 위衛나라의 공자로서 공손앙 또는 위앙이라고도 하며, 진秦나라에서 변법을 성공적으로 단행하여 상군에 봉해졌다. 그는 법가의 선구자라고 할 수 있는 이회의 영향을 깊이 받아서 개혁적인 성향이 강했으나 위나라에서는 중용되지 못하였다. 진나라 효공이 기원전 361년에 현명한 선비를 구한다는 말을 듣고 위나라를 떠나 진나라로 들어가 효공을 도와 변법을 만들었다.

소진

합종파를 대표하는 인물로 잠시나마 여섯 나라의 재상이 되어서 진秦나라 병사가 십오 년 동안 동쪽으로 나오지 못하게 하는 데 크게 공헌했다. 늘 연횡은 내세운 장의와 함께 등장하며 나이도 비슷하며 둘 다 귀곡자를 선생으로 섬겼다.

장의

연횡파를 대표하는 인물로 진秦나라에 대항하기 위해 여섯 나라가 합종으로 맞서자 진나라의 장의는 각 나라와 개별적으로 동맹을 맺어 합종을 깨뜨리고, 제나라와 초나라를 이간시키는 방법을 써서 진나라가 천하를 통일하는 데 결정적으로 이바지하였다.

맹상군

제나라 종실 대신인 전영의 서자로 빈객과 선비를 좋아하였다. 그는 명성과 이익만을 좇았을 뿐이므로 인물 됨됨이는 볼 것이 없다. 그가 풍환을 비롯하여 개 짖는 소리와 닭 우는 소리를 흉내 내던 무리를 빈객으로 불러들였을 때, 그들이 맹상군을 절대절명의 위기에서 구하리라고 생각한 사람은 아무도 없었다. 이런 점에서 맹상군의 인물 평가 능력을 엿 볼 수 있다.

이사

초나라 상채 사람으로 순자를 섬기며 제왕의 통치술을 배웠다. 그는 공부를 마친 뒤 초나라 왕은 섬길 만한 인물이 못 되고, 여섯 나라는 모두 약소하여 공을 세울 만하지 못하다고 판다하고 서쪽 진秦나라로 갔다. 진시황을 도와 여섯 나라를 병합하고 천하를 하나로 만들었으며, 군현 제도를 실시하여 중앙집권제를 확립하였다. 그는 또 시황제에게 사상을 통일시키기 위하여 전적을 태우고 학자 410명을 생매장하도록 건의하였다. 주나라 때부터 쓰인 글씨체 대전大篆을 간략화한 소전小篆을 창안하여 서도가로서도 이름을 떨쳤다.

신불해

경읍 사람으로, 본래는 정나라의 하찮은 신하였다. 법가의 학술을 배워 한韓나라 소후에게 유세하여 재상이 되었다. 그는 십오 년 동안 안으로는 정치와 교육을 바로 세우고 밖으로는 제후들을 상대하였다. 그가 살아 있는 동안 한나라는 제대로 다스려지고 군사력이 막강하여 감히 쳐들어오는 자가 없었다.

사마 양저

춘추시대 말기 제나라 대부로 재상 안영의 추천을 받아 장군에 임명되었는데, 이것은 자신의 신분에 비해 높은 자리를 부여받은 것이었다. 당시 제나라는 군사적으로 매우 불리하였는데, 경공이 그와 군사 작전에 동행시킨 장고가 양저를 깔보고 송별연에 갔다가 약속 시간에 늦었다. 그러자 양저는 군율에 따라 장고를 참수하여 자신의 위엄을 세웠다. 이렇듯 그는 군대를 매우 엄정하게 지휘 감독하고 병법에 정통하였으며 싸움에도 용감했다.

오기

인간에 대한 깊은 통찰과 안목을 바탕으로 하여 용병 방법을 제시했다는 점에서 그 가치를 인정받고 있다. 그는 공자의 제자인 증자에게 배웠고 노나라에서 벼슬하여 장군에 임명되었으며 제나라와 싸워 크게 이겼으나 그다지 인정받지 못하다가 위魏나라에서 중용되었다. 그는 일흔여섯 번 싸워서 예순네 번 완승을 거둘 정도로 뛰어난 병법가였다.

오자서

춘추시대 오나라의 대부로 합려를 도와 왕위에 오르게 한 뒤 막강한 권력을 휘둘렀으며, 부차에게는 월나라와 화친을 맺지 말고 멸망시켜 뒤탈을 남기지 말라고 권유하였다. 그러나 오나라 왕은 오자서를 헐뜯는 간사한 신하의 말만을 듣고 그를 멀리하더니 결국에는 스스로 목숨을 끊도록 했다.

본래는 억울하게 죽은 아버지와 형의 원수를 갚고자 초나라를 등지고 오나라로 들어온 인물이다.

범저

위魏나라 사람으로, 전국시대 말기에 진나라 소왕을 도와 멀리 있는 나라와 우호 관계를 맺어 가까이 있는 나라를 공격하는 계책을 세웠다. 진나라가 천하를 통일하는 데 장애가 되던 강국 조나라를 장평 싸움에서 무너뜨리고, 또한 주변의 한나라와 위나라와 초나라를 멸망시키고 나서 북쪽의 연나라와 진晉나라를 도모하는 데 공을 세웠다.

범려

월나라 왕 구천을 도와 오나라를 멸망시키는 데 큰 공을 세우고 이름을 떨쳤다. 그는 그 뒤 자신이 가지고 있던 재산을 친구와 향당에게 나누어 주고 관직에서 떠났다. 그는 도 땅에 숨어 살면서 큰 부자가 되었으므로 세상 사람들은 그를 도주공이라고 불렀다.

악의

전국시대의 저명한 군사가로 알려져 있으나 위魏나라에서 태어나고 조나라에서 벼슬하다가 다시 위나라를 거쳐 연나라로 갔다. 그는 이러한 경력 때문에 종종 지조가 없다고 비난을 받는다.

좀더 구체적으로 살펴보면 그는 연나라 소왕을 도와 제나라를 정벌하여 칠십여 성을 함락시키는 데 크게 이바지했다. 소왕의 뒤를 이어 왕위에 오른 혜왕이 제나라의 전단이 보낸 첩자의 이간질을 믿고 악의 대신 기겁을 장수로 삼자 악의는 조나라로 달아났다. 그러자 전단은 기겁을 공격하여 연나라 군대를 무찌름으로써 제나라 땅을 되찾았다. 혜왕은 뒤늦게 후회하고 악의를 부르는 편지를 보냈다.

전단

기원전 284년에 연나라 소왕은 악의를 상장군으로 삼아 다섯 나라의 병사들을 이끌고 제나라를 치게 하여 제나라 수도 임치와 칠십여 성을 함락시켰다. 제나라는 거와 즉묵 두 성만을 지키고 있고, 제나라 민왕도 피살되었다. 이때 전단이 비상한 지혜와 군사적 재능으로 연나라를 깨뜨리고 구사일생으로 제나라를 지켜 냈다.

여불위

본래 한나라의 큰 상인으로 여러 제후국을 주유하면서 시대의 흐름을 정확히 꿰뚫어 보는 혜안을 가지고 있었다. 그는 진나라의 상국이 되어 진나라 통일 사업에 큰 공을 세웠으며, 불후의 명작 『여씨춘추』를 짓기도 했다. 그가 세상 사람들에게 주목받는 이유는 그가 진시황의 친아버지일지도 모른다는 것 때문인데, 즉 여불위가 어떤 첩에게 반하여 임신하게 했는데 그 사실을 숨기고 자초에게 바쳐 아이를 낳았으니, 그가 바로 진시황이라는 것이다.

형가

연나라 태자 단의 명령을 받고 진시황을 죽이기 위해 진나라로 갔다. 형가는 태자와 헤어지면서 "바람 소리 소슬하고, 역수는 차갑구나. 장사가 한번 떠나가면, 다시는 돌아오지 못하리."라는 노래를 불러 배웅나온 사람이 모두 눈을 부릅떴고 머리카락은 관을 찌를 듯 치솟았다고 한다. 그러나 형가는 비수로 진시황을 찌르지도 못하고 죽었다.

싸움의 기술

초판 1쇄 2015 2월 28일

지은이 | 노학자
옮긴이 | 안준민
펴낸이 | 채주희
펴낸곳 | 해피 & 북스

서울시 마포구 신수동 448-6
대표전화 (02)6401-7004 **팩스** (02)323-6416

출판등록 제 10-1562호(1985. 10.29)

ISBN 978-89-5515-544-0
값 13,800원

저자와 협의하여 인지를 생략함.